Claudia Daiber

Feines im Glas

Einmachen

- Neue Rezepte für heimische und exotische Früchte
- Alle Einmach- und Konservierungsmethoden im Überblick
- Extra: Kalt gerührte Marmeladen

AUGUSTUS

Inhalt

Abkürzungen

EL	= Esslöffel	kg	= Kilogramm
TL	= Teelöffel	g	= Gramm
Pck.	= Päckchen	cm	= Zentimeter
Msp.	= Messerspitze	mm	= Millimeter
l	= Liter	TK-	= Tiefkühl...
ml	= Milliliter	°C	= Grad Celsius
cl	= Zentiliter	Ø	= Durchmesser

Sommer im Glas

Heute haben wir ganz andere Voraussetzungen und auch Ansprüche an selbst Eingelegtes als zu früheren Zeiten. Längst hat uns die Technik die Möglichkeit des Tiefkühlens beschert. Darüber hinaus sind wir nicht mehr auf Früchte und Gemüse beschränkt, die in unseren heimischen Gärten wachsen. Viele Exoten hat selbst der Supermarkt um die Ecke in seinem Warenbestand, und saisonbedingt begrenzte Angebote gehören zu den Ausnahmen. Die Auswahl ist größer und die Familien sind kleiner geworden.
Ein modernes Einmachbuch sollte diesen veränderten Gegebenheiten Rechnung tragen. So finden Sie hier Einmachvorschläge für kleine Mengen, dafür aber raffinierte Rezepte, die sich ohne großen Aufwand an Zeit und Ausstattung realisieren lassen. Sollten Ihnen die angegebenen Mengen zu klein sein, können Sie die Rezepturen ohne weiteres Ihren Erfordernissen anpassen, indem Sie die angegebenen Mengen einfach entsprechend multiplizieren.

Methoden der Haltbarmachung

Es gibt sehr unterschiedliche Methoden der Konservierung. Sie alle haben zum Ziel, das Wachstum von zersetzenden Mikroorganismen im jeweiligen Lebensmittel einzuschränken oder ganz zu stoppen. Hier die einzelnen Methoden im Überblick:

- Trocknen
- Räuchern
- Pökeln (Einsalzen)
- Konservieren durch Zucker (z. B. Kandieren)
- Einkochen (Einwecken; süß oder pikant)
- Entsaften
- Einlegen in Essig, Öl oder Alkohol
- Gefrieren

Häufig werden diese Methoden auch kombiniert, etwa beim Einmachen von Marmelade, Kompott oder süßsauren Früchten und Gemüsen. Für die Rezepte dieses Buches sind nur zwei der oben aufgeführten Methoden relevant: das Einkochen bzw. das heiß Einfüllen und das Einlegen.

Einkochen oder heiß einfüllen?

Noch meine Mutter verarbeitete alle Früchte und Gemüse aus unserem Garten, die wir nicht frisch essen konnten, zu »Konserven«. Früchte oder Gemüse wurden mit einem entsprechend gewürzten Sud in Gläser gefüllt, diese Gläser dann mit Gummiringen, Deckeln und Klammern verschlossen und im Backofen in ein Wasserbad gesetzt. Der Inhalt der Gläser wurde nun bei gemäßigten Temperaturen über einen längeren Zeitraum eingekocht und auf diese Art und Weise haltbar gemacht. Der große Vorteil dieser Methode besteht darin, dass die zersetzenden Mikroorganismen im Einmachgut weitgehend zerstört werden, weshalb auf diese Art Eingelegtes sehr lange haltbar ist. Leider gehen durch die langen Kochzeiten aber auch viele Inhaltsstoffe – vor allem Vitamine – sowie Geschmacksstoffe verloren. Mit speziellen Einkochtöpfen oder in Dampfkochtöpfen kann man ebenfalls auf diese Art konservieren, allerdings dann nur in kleineren Portionen.
Wesentlich unkomplizierter und für kleinere Mengen hervorragend geeignet ist das heiß Einfüllen. Es eignet sich für die Herstellung von Konfitüren, Marmeladen und Gelees ebenso wie für süßsauer eingelegtes Gemüse oder für Kompotte.

Konfitüre, Marmelade, Gelee

Vielleicht werden Sie sich fragen, warum zwischen Konfitüre und Marmelade unterschieden wird? Dieser Unterschied ist im deutschen Lebensmittelgesetz festgelegt. Danach sind sowohl Konfitüre wie auch Marmelade Brotaufstriche aus ganzen oder zerkleinerten Früchten und Zucker, jedoch bleibt der Begriff Marmelade Erzeugnissen aus Zitrusfrüchten vorbehalten. Unter Gelee dagegen versteht man einen Brotaufstrich aus dem Saft von Früchten und Zucker.

Die wichtigsten Utensilien auf einen Blick

Für die Rezepte dieses Buches brauchen Sie:

- Twist-off-Gläser in den angegebenen Größen (aus dem Haushaltwarengeschäft)
- Einen emaillierten Topf (wegen der Säure)
- Saubere Küchentücher
- Einen Schöpflöffel
- Einen Schaumlöffel

Gekochte Konfitüre und Marmelade: So gelingt es Schritt-für-Schritt

1. Die Früchte waschen, putzen und zerkleinern. Die Früchte in einem säurefesten Topf mit Gelierzucker im Verhältnis 1:1 mischen und zugedeckt 2 bis 3 Stunden stehen lassen, bis sich genügend Saft gebildet hat. Dabei lösen sich die Pektine aus den Früchten, die mit dem entsprechenden Geliermittel dafür sorgen, dass die Marmelade geliert, d.h. dick und streichfähig wird.

2. Gläser und Deckel in kochendem Wasser (sie müssen davon bedeckt sein) mit einem kräftigen Schuss Essig sterilisieren und auf einem sauberen Küchentuch abtropfen lassen. Die Gläser nicht abtrocknen, weil dadurch wieder Bakterien ins Glas gelangen können. Oder die Gläser bis zum Einfüllen im heißen Wasser liegen lassen.

3. Die Frucht-Zucker-Mischung zum Kochen bringen und je nach gewähltem Geliermittel 3 bis 5 Minuten sprudelnd kochen lassen. Eventuell vorhandenen Schaum mit dem Schaumlöffel abschöpfen.

4. Die Gelierprobe machen. Dafür 1 Teelöffel von der Marmelade oder der Konfitüre auf einen kleinen Teller geben. Wenn sie sofort ein Häutchen bildet und fest wird, hat die Marmelade oder Konfitüre die richtige Konsistenz.

5. Nun die Gläser auf ein feuchtes Küchentuch stellen und die heiße Marmelade einfüllen. Die Gläser sofort verschließen und auf den Kopf stellen. Beim Abkühlen der Marmelade oder Konfitüre bildet sich ein Vakuum, das den Inhalt hermetisch abschließt und das Eindringen zersetzender Keime verhindert.

6. Die Gläser beschriften: Inhalt und Datum der Herstellung notieren, die Marmelade oder Konfitüre an einem dunklen, kühlen Ort lagern und von Zeit zu Zeit kontrollieren.

Kalt gerührte Konfitüre und Marmelade

Für kalt gerührte Konfitüre bzw. Marmelade die vorbereiteten Früchte mit derselben Menge Gelierzucker mischen und im Mixer auf höchster Stufe etwa 10 Minuten pürieren, bis die Masse beginnt, dicklich zu werden. Dann in sterilisierte Gläser füllen und im Kühlschrank lagern. Von kalt gerührter Konfitüre oder Marmelade sollten Sie keine größeren Mengen herstellen, da sie rasch verderben.

Tipp

Kalt gerührte Konfitüre bzw. Marmelade ist flüssiger als gekochte. Wenn Sie das stört, können Sie die Fruchtmassen zusätzlich mit Biobin oder aufgelöster Gelatine andicken.

Gelee – eine klare Sache

Im Wesentlichen wird Gelee wie Konfitüre/Marmelade hergestellt. Allerdings enthält Gelee keine Fruchtstückchen mehr, denn es besteht aus reinem Fruchtsaft oder einer Mischung aus Saft und Wasser.
Für die Geleeherstellung können saftreiche Früchte in der Saftzentrifuge (oder im Dampfentsafter) entsaftet werden.
Für die Saftzentrifuge eignen sich vor allem Äpfel, Birnen und Zitrusfrüchte, Beeren sind weniger geeignet. Alle anderen Früchte lassen sich besser im Dampfentsafter entsaften.

Wenn Sie keinen Entsafter besitzen, gewinnen Sie den Saft für das Gelee so:
1. Die Früchte eventuell waschen oder schälen, putzen und zerkleinern. Mit derselben Menge Wasser in einem Topf zum Kochen bringen und so lange kochen lassen, bis die Früchte weich oder die Beeren aufgeplatzt sind.
2. Ein Mulltuch über einen Topf hängen. Die Fruchtmischung hineingeben und über Nacht abtropfen lassen.
3. Am nächsten Tag Gläser und Deckel sterilisieren und auf einem sauberen Küchentuch abtropfen lassen.
4. Die Früchte in dem Mulltuch auspressen. Den so gewonnenen Saft mit derselben Menge Gelierzucker in einem Topf mischen und zum Kochen bringen. Die Mischung etwa 5 Minuten sprudelnd kochen lassen. Dann die Gelierprobe machen.
5. Das Gelee in die sterilisierten Gläser füllen, die Gläser sofort verschließen und auf den Kopf stellen.

Warum geliert Marmelade?

Marmelade sollte eine streichfähige Konsistenz haben, damit sie nicht seitlich vom Brot

Was tun, wenn ...

... Marmelade, Konfitüre oder Gelee nicht geliert?
Dann geben Sie etwas Gliermittel dazu und kochen die Masse nochmals wie auf der Packung angegeben. Oder Sie lösen Gelatine in wenig heißem Wasser auf und rühren Sie unter die Fruchtmasse.

... sich Schimmel gebildet hat?
Wurde Marmelade, Konfitüre bzw. Gelee mit Zucker im Verhältnis 1:1 gemischt, genügt es, wenn Sie die oberste Schicht großzügig abnehmen. Haben Sie dagegen ein geringeres Verhältnis von Frucht zu Zucker gewählt (2:1 oder 3:1), müssen Sie den Inhalt des ganzen Glases wegwerfen.

tropft und so den Frühstücksgenuss trübt. Dafür, dass Früchte beim Einkochen fester werden, also gelieren, sorgen das in den Früchten natürlich enthaltene Pektin, die Säure und der Zucker.

Pektinreich

Äpfel
Quitten
Rhabarber
rote Johannisbeeren
Stachelbeeren
Zitrusfrüchte

Pektinarm

Ananas
Birnen
Erdbeeren
Holunder
süße Kirschen
Weintrauben

Mittlerer Pektingehalt

Aprikosen
Mirabellen
Nektarinen
Pfirsiche
Pflaumen
schwarze Johannisbeeren
Zwetschgen

Generell enthalten unreife Früchte mehr Pektin als reife Früchte.

Früchte haben einen unterschiedlichen Pektingehalt, deshalb mischt man beim Marmelade kochen gerne pektinreiche Früchte mit pektinärmeren oder fügt zusätzlich Zitronenschale und -saft hinzu, um auf diese Weise den Säuregehalt zu erhöhen. Ganz ohne Geliermittel kommt man allerdings auch bei pektinreichen Früchten nicht aus, sonst müsste man sie so lange kochen, bis das enthaltene Wasser zum Großteil verdunstet ist und die Fruchtmasse deshalb dicker und streichfähiger wird. Der große Nachteil dabei ist, dass mit dem Wasser auch die Vitamine aus den Früchten verschwinden.

Gelierhilfen

Damit Früchte schneller und zuverlässiger gelieren, kann man der Frucht-Zucker-Mischung ein Geliermittel zufügen, das den Säure-Pektin-Gehalt anhebt. Es gibt verschiedene Mittel im Handel.

Gelierzucker

ist normaler raffinierter Zucker, dem künstlich gewonnenes Pektin sowie Zitronen- oder Weinsäure zugesetzt wurden. Die bei Gelierzucker angegebene Kochzeit variiert von Hersteller zu Hersteller. Beachten Sie deshalb unbedingt die Angaben auf der Packung. Gelierzucker und Frucht mischt man im Verhältnis 1:1. Wem das zu süß ist, der nimmt weniger Gelierzucker und zusätzlich ein Geliermittel oder einen speziellen Gelierzucker, bei dem man Frucht und Zucker im Verhältnis 2:1 oder 3:1 reduzieren kann. Allerdings reduziert sich mit dem Zuckergehalt auch die Haltbarkeit von Marmelade, Konfitüre bzw. Gelee.

Geliermittel

gibt es in flüssiger Form und als Pulver. Man benötigt sie, wenn man Marmelade mit Einmachzucker oder normalem Zucker und nicht mit Gelierzucker einkocht.

Info

So genannter Einmachzucker enthält keine Geliermittel. Er ist nur grobkörniger als normale Zuckerraffinade, löst sich deshalb später auf und wirkt so der Schaumbildung beim Kochen entgegen.

Gelierpulver enthält neben Traubenzucker Fruchtsäure und Pektin. Flüssiges Geliermittel enthält Apfelpektin und hat den Vorteil, dass es sich in der Marmelade sofort auflöst.

Kompott einkochen

Im Wesentlichen gilt für Kompott dasselbe wie für Mamelade, nur dass hier der Zuckergehalt nicht so hoch ist. Kompott kann wie Marmelade im Wasserbad eingekocht werden, schonender geht es aber auch hier mit der Methode des heiß Einfüllens. Stellt man nur kleine Mengen für den Vorrat her, ist diese Methode völlig ausreichend.

Einkochen von Gemüse

Auch Gemüse lässt sich nach den herkömmlichen Methoden einkochen. Hier wird dem Sud meist Essig hinzugefügt, der für eine längere Haltbarkeit sorgt, denn Essig hat eine keimabtötende Wirkung, die durch den Kochvorgang noch unterstützt wird. Sonst wären die Lebensmittel nur etwa 1 bis 2 Wochen im Kühlschrank haltbar.

Sauer einlegen – so gelingt's

1. Gläser und Deckel in Wasser mit einem Schuss Essig sterilisieren und auf einem sauberen Küchentuch abtropfen lassen, nicht abtrocknen.
2. Das Gemüse (oder die Früchte) vorbereiten, d.h. schälen oder waschen, putzen und zerkleinern.
3. Essig mit den entsprechenden Zutaten (Salz, Zucker, Gewürze, Wasser, Wein oder Saft) aufkochen lassen und Gemüse (oder Früchte) darin bissfest garen. Die Essigmischung muss noch 2 Prozent Säure enthalten, der Essig darf also nicht zu stark verdünnt werden.
4. Die Gläser auf ein feuchtes Küchentuch stellen.
5. Gemüse oder Früchte mit einem Schaumlöffel herausheben und in die Gläser verteilen. Den Sud nochmals aufkochen lassen und über das Gemüse oder die Früchte geben. Der Sud sollte etwa 2 cm hoch über dem Inhalt stehen.
6. Die Gläser sofort verschließen und auf den Kopf stellen. Die Gläser dunkel und kühl lagern und von Zeit zu Zeit kontrollieren, ob das Einmachgut noch genügend vom Essigsud bedeckt ist.
7. In Essig eingelegte Lebensmittel sollten vor dem Verzehr mindestens 4 Wochen ziehen, erst dann hat sich das Aroma richtig entfaltet.

Info

Bei eiweißhaltigen Lebensmitteln, wie etwa Pilzen oder Hülsenfrüchten, empfiehlt es sich, den Sud nach 2 Tagen nochmals zu erhitzen und über den Inhalt in den Gläsern zu gießen. Natürlich müssen dann wieder frisch sterilisierte Gläser und Deckel verwendet werden.
Sollte der Inhalt in den Gläsern zu gären beginnen oder schimmeln, muss der ganze Inhalt unbedingt weggeworfen werden.
Wegen des Säuregehaltes sollten Sie für die Zubereitung des Essigsuds keine Töpfe aus Aluminium, Kupfer oder Messing verwenden.

Einlegen in Öl

Öl verhindert das Wachstum von Mikroorganismen, wenn es kein Wasser enthält. Allerdings kann durch das Einlegen in Öl der Zersetzungsprozess in den Lebensmitteln nicht gestoppt werden, was zur Folge hat, dass in Öl Eingelegtes nur begrenzte Zeit haltbar ist.
Die Haltbarkeit lässt sich verlängern, wenn man beispielsweise Gemüse vor dem Einlegen in Öl in einer Essiglösung blanchiert.

Tipp

Verwenden Sie zum Einlegen immer nur qualitativ hochwertiges Öl mit einem nicht zu ausgeprägten Eigengeschmack. Später brauchen Sie es nicht wegzuschütten, sondern Sie können es für Salatsaucen verwenden. Das ist nicht nur eine gute Resteverwertung, sondern bringt auch Abwechslung in die Küche.

So bleibt in Öl Eingelegtes länger frisch

1. Die Gläser und die Deckel oder Flaschen sterilisieren und auf einem sauberen Küchentuch gründlich abtropfen lassen. Eventuell im vorgeheizten Backofen trocknen, damit die Behälter auch wirklich trocken sind.
2. Das Einmachgut in Glas oder Flasche füllen und das Öl darüber gießen. Den Behälter verschließen und einige Male kräftig schütteln, damit keine Luftblasen zurückbleiben, welche eventuell die Schimmelbildung begünstigen würden.
3. Das Öl sollte etwa 2 cm hoch über den Lebensmitteln stehen.
4. Die Gefäße verschließen und kühl und dunkel lagern. Das Einleggut vor dem Verzehr mindestens 1 Woche durchziehen lassen und innerhalb von etwa 3 Monaten verbrauchen.

Einlegen in Alkohol

Alkohol hemmt, ebenso wie Essig oder Öl, das Wachstum von Mikroorganismen. Beim Einlegen in Alkohol wird zusätzlich noch Zucker verwendet, was die Konservierung verbessert.

Einlegen in Alkohol – so gelingt's

1. Die Gläser und die Deckel oder Flaschen sterilisieren und auf einem sauberen Küchentuch gründlich abtropfen lassen. Sie müssen ganz trocken sein.
2. Die Früchte eventuell waschen oder schälen und putzen. Große Früchte nach Belieben zerkleinern. Die Früchte in die Flaschen oder Gläser füllen und den Alkohol darüber gießen.
3. Die Gefäße mit dem Einmachgut immer kühl und dunkel lagern. Am besten bewahren Sie sie in einem kalten Keller auf. Der Inhalt der Gläser sollte innerhalb eines Jahres verbraucht werden.

Info

Zum Einlegen geeignet sind Spirituosen mit einem Alkoholgehalt von etwa 50 Vol.-%. Das in den Früchten enthaltene Wasser verdünnt den Alkoholgehalt insgesamt. Fällt der Alkoholgehalt unter die 20-Prozent-Marke, können die Früchte schimmeln oder der Inhalt kann zu gären beginnen.

Heiß gekocht und geliebt: Marmelade, Konfitüre, Gelee

So schmeckt der Sommer: Fruchtige Konfitüren, Marmeladen und Gelees aus frischen Früchten konservieren das Sommerfeeling für trübe Tage. Ausgefallene Gewürze oder Kräuter geben ihnen einen unvergleichlichen Geschmack. Lassen Sie sich verführen von den raffinierten und ausgefallenen Rezepten dieses Kapitels.

Gelingt leicht

Sauerkirschkonfitüre mit Glühwein

Für 4 Gläser à 250 ml Inhalt

- 800 g Sauerkirschen
- 400 g Extra Gelierzucker
- 2 unbehandelte Zitronen
- 125 ml Rotwein
- 3 Gewürznelken
- 2 Sternanis
- 1 Zimtstange

Erlesen: Sauerkirschkonfitüre mit Glühwein (Bild Seite 10/11, rechts).

1. Die Kirschen waschen, entsteinen und grob zerkleinern. Mit dem Gelierzucker in einem Topf mischen und 3 Stunden Saft ziehen lassen.

2. Die Zitronen heiß waschen und trocknen. Die Schale in Spiralen abschälen. Die Zitronen auspressen. Zitronensaft, Rotwein, Zitronenschale und Gewürze in einen Topf geben. Alles 5 Minuten kochen. Gläser und Deckel sterilisieren.

3. Den Glühwein durch ein Sieb in die Kirschmischung gießen. Alles etwa 5 Minuten kochen lassen. Die Gläser auf ein feuchtes Tuch stellen die Konfitüre hineinfüllen. Gläser sofort verschließen und auf den Kopf stellen.

Arbeitszeit: ca. 30 Minuten
Zeit zum Ziehen: 3 Stunden

Raffiniert

Maracuja-Aprikosen-Konfitüre mit Marzipan und Amaretto

Für 4 Gläser à 250 ml Inhalt

- 500 g Maracujas
- 500 g Aprikosen
- 500 g Extra Gelierzucker
- Saft von 1 Zitrone
- 100 g Marzipanrohmasse
- 2 EL Amaretto

Verführerisch: Maracuja-Aprikosen-Konfitüre mit Marzipan und Amaretto (Bild Seite 10/11, links).

1. Die Maracujas halbieren. Das Fruchtfleisch herauslösen und durch ein Sieb streichen. Die Aprikosen waschen, halbieren und entsteinen.

2. Das Fruchtfleisch klein schneiden. Mit Maracujamus, Gelierzucker und Zitronensaft mischen. Etwa 3 Stunden Saft ziehen lassen.

3. Die Gläser und die Deckel sterilisieren und abtropfen lassen.

4. Die Marzipanrohmasse zerkleinern. Unter die Fruchtmischung rühren. Alles etwa 3 Minuten sprudelnd kochen lassen. Gelierprobe machen.

5. Amaretto unter die Konfitüre rühren. Die Konfitüre in die Gläser füllen, diese verschließen und auf den Kopf stellen.

Arbeitszeit: ca. 20 Minuten
Zeit zum Ziehen:
ca. 3 Stunden

Exotisch

Bananen-Ananas-Konfitüre

Für 5 Gläser à 250 ml Inhalt

- ½ Ananas (ca. 800 g; geputzt gewogen ca. 400 g)
- 2 Äpfel
- 1 unbehandelte Zitrone
- 2 Bananen
- 400 g Extra Gelierzucker

1. Die Ananas schälen und die schwarzen Augen gründlich entfernen. Das Fruchtfleisch fein hacken oder pürieren. Die Äpfel schälen und die Kerngehäuse entfernen. Die Äpfel in sehr feine Würfel schneiden.

2. Die Zitrone heiß waschen und trockenreiben. Die Schale fein abreiben. Die Zitrone halbieren und auspressen. Die Bananen schälen und mit einer Gabel fein zerdrücken. Mit dem Zitronensaft und der -schale mischen.

3. Die Früchte mit dem Gelierzucker in einem Topf mischen und etwa 3 Stunden stehen lassen, bis sich Saft gebildet hat.

4. Die Gläser und die Deckel sterilisieren und auf einem sauberen Küchentuch abtropfen lassen.

5. Die Fruchtmischung zum Kochen bringen und etwa 5 Minuten kochen lassen. Die Gelierprobe machen.

6. Die Gläser auf ein feuchtes Küchentuch stellen und die Konfitüre hineinfüllen. Die Gläser sofort verschließen und auf den Kopf stellen.

Arbeitszeit: ca. 30 Minuten
Zeit zum Ziehen:
ca. 3 Stunden

Variante
In der Beerenzeit können Sie das Ananasfruchtfleisch durch dieselbe Menge Himbeeren ersetzen. Dafür die Himbeeren verlesen und die grünen Stiele entfernen. Die Beeren nicht waschen, sonst verlieren sie an Aroma. Falls Sie die Kerne der Himbeeren nicht so gerne mögen, streichen Sie die Konfitüre nach dem Kochen durch ein Sieb. Dann die Konfitüre nochmals aufkochen und wie gewohnt in sterilisierte Gläser füllen.

Raffiniert

Schwarze Johannisbeerkonfitüre mit Cassis

Für 5 Gläser à 250 ml Inhalt

- 800 g schwarze Johannisbeeren
- 1 unbehandelte Orange
- 800 g Gelierzucker
- 4 EL Rosenwasser (aus der Apotheke)
- 4 EL Cassis

1. Die Johannisbeeren in ein Sieb geben, unter kaltem Wasser kurz abbrausen und die Früchte gründlich abtropfen lassen. Die Beeren über einem Topf von den Stielen streifen (siehe Tipp).

2. Die Orange heiß waschen und trockenreiben. Die Schale mit einem Zestenreißer dünn abhobeln. Die Orange halbieren und auspressen. Orangenschale sowie -saft zu den Johannisbeeren geben.

3. Die Fruchtmasse mit dem Gelierzucker mischen und etwa 3 Stunden ziehen lassen, bis sich Saft gebildet hat.

4. Die Gläser und die Deckel sterilisieren und auf einem sauberen Küchentuch abtropfen lassen.

5. Die Frucht-Zucker-Mischung aufkochen und etwa 3 Minuten sprudelnd kochen lassen. Die Gelierprobe machen. Das Rosenwasser und den Cassis unterrühren.

6. Die Gläser auf ein feuchtes Küchentuch stellen und die Konfitüre hineinfüllen. Die Gläser sofort verschließen und auf den Kopf stellen

Arbeitszeit: ca. 30 Minuten
Zeit zum Ziehen:
ca. 3 Stunden

Tipp

Die Johannisbeeren lassen sich ganz leicht von den Stielen streifen, indem man die Rispen durch die Zinken einer Gabel zieht. Machen Sie das direkt über dem Topf, in dem Sie die Konfitüre anschließend kochen, das spart Geschirr, und der austretende Saft wird auch gleich aufgefangen.

Mit Rosenwasser verfeinert ist die Schwarze Johannisbeerkonfitüre mit Cassis (Bild rechts).

Gelingt leicht

Kumquatmarmelade

Für 2 Gläser à 300 ml Inhalt

- 400 g Kumquats
- 200 g Extra Gelierzucker
- 1 Zimtstange
- 1 Sternanis
- 3 Korianderkörner

1. Die Kumquats mit heißem Wasser waschen und trockenreiben. Die Früchte grob zerkleinern und mit dem Gelierzucker in einem Topf vermischen. Zimtstange und Sternanis hinzufügen. Die Korianderkörner in einem Mörser leicht zerdrücken und ebenfalls unter die Frucht-Zucker-Mischung rühren.

2. Die Frucht-Zucker-Mischung etwa 3 Stunden ziehen lassen, bis sich Saft gebildet hat.

3. Die Gläser und die Deckel sterilisieren und auf einem sauberen Küchentuch abtropfen lassen.

4. Die Frucht-Zucker-Mischung zum Kochen bringen und etwa 10 Minuten sprudelnd kochen lassen, dabei immer wieder umrühren. Die Gelierprobe machen. Die Gewürze aus der Marmelade entfernen.

5. Die Gläser auf ein feuchtes Küchentuch stellen und die Marmelade hineinfüllen. Die Gläser sofort verschließen und auf den Kopf stellen.

Arbeitszeit: ca. 15 Minuten
Zeit zum Ziehen:
ca. 3 Stunden

Varianten

- Wer Marmeladen mit Schuss mag, rührt zum Schluss noch 10 Zentiliter Orangenlikör unter die Kumquatmarmelade.
- Sollten Sie keine Kumquats bekommen, können Sie stattdessen 700 Gramm unbehandelte Orangen verwenden. Dafür die Orangen heiß abwaschen und trockenreiben. Die Schale von 1 Orange mit einem Sparschäler dünn abschälen und in sehr feine Streifen schneiden. Dann die Früchte schälen, die weiße Haut großzügig entfernen und die Orangenfilets mit einem scharfen Messer aus den feinen Häuten schneiden. Dabei den Saft auffangen. Orangenfilets, -saft und -schale in einem Topf mit dem Gelierzucker mischen und etwa 2 Stunden ziehen lassen, bis sich Saft gebildet hat. Die Mischung etwa 3 Minuten sprudelnd kochen lassen, wie gewohnt in sterilisierte Gläser füllen und diese sofort verschließen.

Exotisch

Feigenkonfitüre

Für 2 Gläser à 250 ml Inhalt

- 500 g Feigen
- 1 unbehandelte Zitrone
- 250 g Extra Gelierzucker
- 1 Prise Kardamom

1. Die Feigen schälen und das Fruchtfleisch in einen Topf geben. Die Zitrone heiß abwaschen und trockenreiben. Die Schale mit einem Zestenreißer abhobeln. Die Zitrone halbieren und auspressen.

2. Zitronenschale und -saft sowie den Gelierzucker unter das Feigenmus rühren. Die Frucht-Zucker-Mischung etwa 2 Stunden ziehen lassen, bis sich Saft gebildet hat.

3. Die Gläser und die Deckel sterilisieren und auf einem sauberen Küchentuch abtropfen lassen.

4. Die Frucht-Zucker-Mischung aufkochen und etwa 5 Minuten sprudelnd kochen lassen. Mit Kardamom würzen. Die Gelierprobe machen.

5. Die Gläser auf ein feuchtes Küchentuch stellen und die Konfitüre hineinfüllen. Die Gläser sofort verschließen und auf den Kopf stellen.

Arbeitszeit: ca. 45 Minuten
Zeit zum Ziehen:
ca. 3 Stunden

Variante
Besonders raffiniert wird die Konfitüre, wenn Sie einige getrocknete Feigen fein hacken und in Wodka oder Rum etwa 3 Stunden einweichen. Dann rühren Sie die getrockneten Früchte mit der Einweichflüssigkeit unter die frischen Feigen und kochen die Konfitüre wie im Rezept beschrieben.

Schnell

Holunder-Birnen-Gelee mit Gin

Für 3 Gläser à 250 ml Inhalt

- 3 feste, nicht ganz reife Birnen
- 1 unbehandelte Zitrone
- 300 ml Holundersaft (aus dem Reformhaus)
- 1 EL Gelfix
- 400 g Gelierzucker
- 1 Pck. Bourbon-Vanillezucker
- 2 EL Gin

Das Holunder-Birnen-Gelee mit Gin (Bild rechts) besticht durch sein zartes Vanillearoma.

1. Die Birnen schälen, vierteln und die Kerngehäuse entfernen. Die Birnenviertel quer in Scheiben schneiden. Die Zitrone heiß waschen und trockenreiben. Die Schale mit einem Zestenreißer abhobeln. Die Zitrone halbieren und auspressen.

2. Die Birnenstücke mit Holundersaft, Zitronenschale und -saft sowie Gelfix, Gelier- und Vanillezucker mischen und etwa 2 Stunden ziehen lassen.

3. Die Gläser und die Deckel sterilisieren und auf einem sauberen Küchentuch abtropfen lassen.

4. Die Frucht-Zucker-Mischung zum Kochen bringen und etwa 5 Minuten sprudelnd kochen lassen. Den Gin unterrühren. Die Gelierprobe machen.

5. Die Gläser auf ein feuchtes Küchentuch stellen und das Gelee hineinfüllen. Die Gläser auf den Kopf stellen.

Arbeitszeit: ca. 20 Minuten
Zeit zum Ziehen:
ca. 2 Stunden

Varianten

- Wenn Sie Holundersaft selbst herstellen möchten, brauchen Sie für 300 Milliliter Saft etwa 500 Gramm frische Holunderbeeren. Pflücken Sie die Beeren dafür unbedingt abseits von stark befahrenen Straßen. Für den Saft die Holunderbeeren waschen, von den Stielen zupfen und verlesen. In einem Topf mit 300 Milliliter Wasser zum Kochen bringen und etwa 30 Minuten kochen lassen. Ein Haarsieb mit einem doppelten Mulltuch auslegen und über eine Kunststoff- oder Porzellanschüssel hängen. Die Beeren samt Saft hineinschütten und am besten über Nacht abtropfen lassen. Am nächsten Tag den Saft wie im Rezept beschrieben verwenden. Wenn Sie einen Entsafter haben, können Sie die Beeren ohne Zusatz von Wasser entsaften.
- Statt Holundersaft können Sie dieselbe Menge schwarzen Johannisbeersaft nehmen.

Gelingt leicht

Johannisbeergelee mit Karambolen

Für 3 Gläser à 250 ml Inhalt

- 500 g rote Johannisbeeren
- 2 Karambolen
- 500 g Gelierzucker

1. Die Johannisbeeren waschen und mit einer Gabel von den Stielen zupfen (siehe Tipp Seite 14). Die Beeren in einem Topf mit 500 Milliliter Wasser zum Kochen bringen und etwa 30 Minuten kochen lassen. Ein Haarsieb mit einem doppelten Mulltuch auslegen und über eine Porzellan- oder Kunststoffschüssel hängen. Die Johannisbeeren samt Saft hineinschütten und am besten über Nacht abtropfen lassen.

2. Die Gläser und die Deckel sterilisieren und auf einem sauberen Küchentuch abtropfen lassen.

3. Die Karambolen waschen und in Scheiben schneiden. In einem Topf 500 Milliliter Johannisbeersaft mit dem Gelierzucker und den Karambolescheiben mischen und zum Kochen bringen. Die Mischung etwa 3 Minuten kochen lassen.

4. Die Gläser auf ein feuchtes Küchentuch stellen und das Gelee hineinfüllen. Die Gläser sofort verschließen und auf den Kopf stellen. Nach etwa 1 Stunde umdrehen, dann verteilen sich die Karambolescheiben gleichmäßig und sinken nicht alle auf den Boden.

Arbeitszeit: ca. 40 Minuten
Kochzeit: ca. 30 Minuten
Zeit zum Abtropfen:
über Nacht

Raffiniert

Zitronenmarmelade mit Banane und Minze

Für 2 Gläser à 250 ml Inhalt

- 600 g unbehandelte Zitronen
- 1 Banane
- einige frische Minzeblättchen
- 200 g Extra Gelierzucker
- 1 Pck. Vanillezucker

1. 2 Zitronen waschen und trockenreiben. Die Zitronenschale mit einem Zestenreißer fein abhobeln.

2. Alle Zitronen schälen, dabei auch die weiße Innenhaut entfernen. Die Fruchtfilets mit einem scharfen Messer aus den Häuten lösen, dabei den Saft auffangen. Das Gewicht von Saft und Filets beträgt etwa 400 Gramm.

3. Zitronenfruchtfleisch, -saft und -schale in einen Topf geben. Die Banane schälen und mit einer Gabel zerdrücken. Unter die Zitronen rühren.

4. Die Minzeblättchen waschen, trockentupfen und fein zerkleinern. Unter die Zitronen-Bananen-Mischung rühren. Den Gelierzucker und den Vanillezucker hinzufügen und alles gründlich vermengen. Die Frucht-Zucker-Mischung etwa 2 Stunden ziehen lassen, bis sich Saft gebildet hat.

5. Die Gläser und die Deckel sterilisieren und auf einem sauberen Küchentuch abtropfen lassen.

6. Die Frucht-Zucker-Mischung zum Kochen bringen und etwa 3 Minuten sprudelnd kochen lassen. Die Gelierprobe machen.

7. Die Gläser auf ein feuchtes Tuch stellen und die Marmelade hineinfüllen. Die Gläser sofort verschließen und auf den Kopf stellen.

Arbeitszeit: ca. 40 Minuten
Zeit zum Ziehen:
ca. 2 Stunden

Varianten

- Ein Schuss Wodka oder ein Schuss Gin unterstreichen den herb-säuerlichen Geschmack dieser Marmelade. Wer es ein bisschen süßer mag, nimmt Orangenlikör.
- Wesentlich schneller geht es, wenn Sie die Zitronen auspressen und den Saft mit Banane, Zitronenschale, Minze und Zucker wie beschrieben kochen und in Gläser füllen. Sie benötigen dafür etwa 300 Milliliter Zitronensaft.

Raffiniert

Möhrenkonfitüre mit Mandeln

Für 3 Gläser à 250 ml Inhalt

- 100 g Mandeln
- 500 g Möhren
- 400 ml naturtrüber Apfelsaft
- 2 unbehandelte Zitronen
- 500 g Zucker
- 1 cm Ingwerwurzel
- 1 Pck. Gelfix

1. Die Mandeln mit kochendem Wasser überbrühen und kurz darin ziehen lassen. Die Mandeln kalt abschrecken und aus den Häuten lösen. Mandeln beiseite stellen und trocknen lassen.

2. Die Möhren putzen, schälen, waschen und in kleine Stücke schneiden. Mit dem Apfelsaft in einen Topf geben und zum Kochen bringen. Die Möhren in dem Apfelsaft in etwa 30 Minuten weich kochen.

3. Die Zitronen heiß waschen und trockenreiben. Die Schale mit einem Zestenreißer abhobeln. Die Zitronen halbieren und auspressen. Zitronenschale sowie -saft mit dem Zucker unter die Möhren mischen. Den Ingwer schälen, fein reiben und ebenfalls dazugeben.

4. Die Gläser und die Deckel sterilisieren und auf einem sauberen Küchentuch abtropfen lassen.

5. Die Möhrenmischung mit dem Stabmixer pürieren. Das Gelfix unterrühren und die Konfitüre nochmals etwa 5 Minuten kochen lassen. Die Mandeln mahlen und unterrühren. Die Gelierprobe machen.

6. Die Gläser auf ein feuchtes Küchentuch stellen und die Konfitüre hineinfüllen. Die Gläser sofort verschließen und auf den Kopf stellen

Arbeitszeit: ca. 45 Minuten
Kochzeit: ca. 30 Minuten

Blitzvariante

500 Milliliter Möhrensaft mit 250 Gramm Extra Gelierzucker, ½ Päckchen Gelfix, dem Zitronensaft und 1 cm geriebener Ingwerwurzel in einem Topf zum Kochen bringen und etwa 5 Minuten sprudelnd kochen lassen. Wie gewohnt in sterilisierte Gläser füllen und diese sofort verschließen.

Ein Hauch von Exotik steckt in der köstlichen Möhrenkonfitüre mit Mandeln (Bild rechts).

Raffiniert

Pfirsichkonfitüre mit Lavendel und Vanille

Für 4 Gläser à 250 ml Inhalt

- 800 g Pfirsiche
- 500 g Gelierzucker
- 1 Vanilleschote
- 2 Zweige frischer Lavendel

1. Die Pfirsiche waschen. Die Haut der Früchte kreuzweise einschneiden. Wasser zum Kochen bringen, die Pfirsiche damit übergießen und kurz darin ziehen lassen. Die Pfirsiche in ein Sieb abgießen. Mit kaltem Wasser abschrecken und die Haut abziehen.

2. Die Pfirsiche halbieren und die Steine entfernen. Die Pfirsichhälften in Würfel schneiden und mit dem Gelierzucker in einem Topf mischen. Die Vanilleschote längs aufschneiden, das Vanillemark herausschaben und unter die Pfirsichmischung rühren. Die Mischung etwa 3 Stunden ziehen lassen, bis sich Saft gebildet hat.

3. Die Gläser und die Deckel sterilisieren und abtropfen lassen.

4. Den Lavendel kurz abbrausen. Die Pfirsich-Zucker-Mischung mit einem Stabmixer pürieren. Den Lavendel in ein Mullsäckchen füllen und in die Fruchtmischung geben. Alles zum Kochen bringen und etwa 5 Minuten kochen lassen. Die Gelierprobe machen. Das Mullsäckchen mit dem Lavendel wieder entfernen.

5. Die Gläser auf ein feuchtes Küchentuch stellen und die Konfitüre hineinfüllen. Die Gläser sofort verschließen und auf den Kopf stellen.

Arbeitszeit: ca. 30 Minuten
Zeit zum Ziehen:
ca. 3 Stunden

Tipp

Wer keinen frischen Lavendel zur Hand hat, nimmt 1 bis 2 Tropfen Lavendelöl. Das ätherische Öl nicht direkt in die Konfitüre tropfen, sondern auf einen Löffel geben, damit Ihnen nicht versehentlich zu viel davon in die Konfitüre gerät. Ätherische Öle sind sehr empfindlich. Rühren Sie das Lavendelöl deshalb erst kurz bevor Sie die Konfitüre in Gläser füllen unter.

Gelingt leicht

Kirsch-Apfel-Konfitüre mit Zimt

Für 4 Gläser à 250 ml Inhalt

- 400 g Äpfel
- 400 g süße Kirschen
- 1 unbehandelte Orange
- 1 Zimtstange
- 1 Kardamomkapsel
- 500 g Zucker
- 1 Pck. Gelfix

1. Die Äpfel schälen, vierteln und die Kerngehäuse entfernen. Die Apfelviertel quer in feine Scheiben schneiden. Die Kirschen waschen. Die Stiele entfernen und die Früchte entsteinen. Das Fruchtfleisch mit einem scharfen Messer zerkleinern.

2. Die Orange heiß waschen und trockenreiben. Die Schale auf der Küchenreibe fein abreiben. Die Orange auspressen.

3. Orangenschale und -saft, Äpfel, Kirschen, Zimtstange, Kardamomkapsel, Zucker und Gelfix in einem Topf mischen und etwa 3 Stunden ziehen lassen, bis sich Saft gebildet hat.

4. Frucht-Zucker-Mischung zum Kochen bringen und 5 Minuten sprudelnd kochen lassen. Die Gelierprobe machen. Zimtstange und Kardamomkapsel entfernen.

5. Sterilisierte Gläser auf ein feuchtes Tuch stellen und die Konfitüre hineinfüllen.

Arbeitszeit: ca. 45 Minuten
Zeit zum Ziehen:
ca. 3 Stunden

Schnell

Apfelgelee mit Minze

Für 3 Gläser à 250 ml Inhalt

- 2 Zweige Minze
- 500 ml naturtrüber Apfelsaft
- 250 g Extra Gelierzucker

1. Die Minze waschen und trockentupfen. Die Blättchen abzupfen und mit einem scharfen Messer fein hacken.

2. Die Gläser und die Deckel sterilisieren und auf einem Küchentuch abtropfen lassen.

3. Den Apfelsaft mit dem Gelierzucker und der Minze in einen Topf geben, aufkochen und etwa 5 Minuten sprudelnd kochen lassen.

4. Die Gläser auf ein feuchtes Küchentuch stellen und das Gelee hineinfüllen. Die Gläser sofort verschließen und auf den Kopf stellen.

Zubereitungszeit:
ca. 10 Minuten

Fruchtig frisch: Kalt gerührte Konfitüren

Kalt gerührte Konfitüren kommen immer gut an. Sie sind schnell gemacht, schmecken richtig nach Frucht und sind unkompliziert in der Herstellung, so dass man sie sogar noch kurz vor dem Sonntagsbrunch mixen kann. Da sich kalt gerührte Konfitüren nicht lange halten, sollten Sie sich mit kleinen Mengen begnügen und diese im Kühlschrank aufbewahren.

Raffiniert

Ananas-Zwetschgen-Konfitüre

Für 4 Gläser à 250 ml Inhalt

- 400 g Zwetschgen
- ½ kleine Ananas (ca. 600 g; geputzt gewogen ca. 300 g)
- 350 g Extra Gelierzucker
- 100 g Kokosraspel

Kokosraspel geben der Ananas-Zwetschgen-Konfitüre (Bild Seite 26/27, rechts) Pfiff.

1. Die Gläser und die Deckel sterilisieren und abtropfen lassen. Den Backofen auf 100 °C (Umluft 80 °C, Gas Stufe 1) vorheizen.

2. Die Zwetschgen entstielen, waschen und entsteinen. Die Früchte würfeln. Die Ananas schälen, von den Augen befreien und das Fruchtfleisch würfeln, dabei den Strunk entfernen.

3. Die Gläser in den vorgeheizten Backofen stellen, damit sie ganz trocknen.

4. Zwetschgen, Ananas, Gelierzucker und Kokosraspel in den Mixer geben. Alles auf höchster Stufe etwa 10 Minuten pürieren, bis die Masse dicklich wird.

5. Die Gläser aus dem Ofen nehmen und die Konfitüre hineinfüllen. Die Gläser sofort verschließen. Die Konfitüre im Kühlschrank aufbewahren und innerhalb von etwa 4 Wochen verbrauchen.

Zubereitungszeit:
ca. 20 Minuten

Schnell

Apfelkonfitüre mit Vanille

Für 2 Gläser à 250 ml Inhalt

- 400 g Äpfel
- 1 unbehandelte Zitrone
- 1 Vanilleschote
- 250 g Gelierzucker

Die Apfelkonfitüre mit Vanille (Bild Seite 26/27, links) schmeckt der ganzen Familie.

1. Gläser und Deckel sterilisieren und abtropfen lassen. Den Backofen auf 100 °C (Umluft 80 °C, Gas Stufe 1) vorheizen.

2. Die Äpfel schälen, vierteln und ohne Kerngehäuse grob zerkleinern. Die Zitrone heiß waschen und trocknen. Die Schale abreiben, die Zitrone auspressen. Die Vanilleschote längs aufschlitzen und das Mark herausschaben.

3. Die Gläser in den vorgeheizten Backofen stellen, damit sie ganz trocknen.

4. Äpfel, Zitronenschale und -saft sowie Vanillemark mit Gelierzucker im Mixer auf höchster Stufe 10 Minuten pürieren, bis die Masse dicklich wird.

5. Die Konfitüre in die Gläser füllen. Diese sofort verschließen. Die Konfitüre im Kühlschrank aufbewahren und innerhalb von etwa 4 Wochen verbrauchen.

Zubereitungszeit:
ca. 30 Minuten

Braucht etwas Zeit

Blutorangen-Pomelo-Marmelade

Für 2 Gläser à 250 ml Inhalt

- 1 Pomelo
- 2 Blutorangen
- 1 unbehandelte Zitrone
- 250 g Gelierzucker

1. Die Gläser und die Deckel sterilisieren und auf einem sauberen Küchentuch abtropfen lassen. Den Backofen auf 100 °C (Umluft 80 °C, Gas Stufe 1) vorheizen.

2. Die Pomelo schälen und die Fruchtfilets mit einem scharfen Messer aus den Häuten schneiden. Die Blutorangen ebenfalls schälen, dabei auch die weiße Innenhaut entfernen, und die Filets aus den Häuten lösen. Dabei den Saft auffangen.

3. Die Zitrone heiß waschen und trockenreiben. Die Schale mit einem Zestenreißer abhobeln. Die Zitrone halbieren und auspressen.

4. Die Gläser in den vorgeheizten Backofen stellen, damit sie ganz trocknen.

5. Die Fruchtfilets mit dem aufgefangenen Saft, Zitronenschale und -saft sowie Gelierzucker im Mixer auf höchster Stufe etwa 10 Minuten pürieren, bis die Masse dicklich wird.

6. Die Gläser aus dem Ofen nehmen und die Marmelade hineinfüllen. Die Gläser sofort verschließen. Die Marmelade im Kühlschrank aufbewahren und innerhalb von etwa 4 Wochen verbrauchen.

Zubereitungszeit:
ca. 40 Minuten

Varianten
In diese Marmelade passt sehr gut ein Schuss Orangenlikör oder Campari. Wer Anisschnaps gerne mag, sollte diese Kombination unbedingt einmal versuchen.

Info

Die Pomelo ist die größte Zitrusfrucht. Mit ihrer grünlich-gelben Schale erinnert sie an eine übergroße Grapefruit. Ihr Fruchtfleisch ist allerdings weniger saftig und schmeckt leicht säuerlich-bitter.

Gelingt leicht

Himbeer-Brombeer-Konfitüre

Für 2 Gläser à 300 ml Inhalt

- 200 g Himbeeren
- 100 g Brombeeren
- 5–6 Minzeblättchen
- 300 g Gelierzucker
- 2 EL Orangenlikör

Die beschwipste Himbeer-Brombeer-Konfitüre mit Minze (Bild rechts) ist im Nu gezaubert.

1. Die Gläser und die Deckel sterilisieren und abtropfen lassen. Den Backofen auf 100 °C (Umluft 80 °C, Gas Stufe 1) vorheizen.

2. Die Himbeeren putzen und verlesen. Die Brombeeren abbrausen und verlesen. Die Minzeblättchen waschen und trockentupfen.

3. Die Gläser in den vorgeheizten Backofen stellen, damit sie ganz trocknen.

4. Beeren, Minze, Gelierzucker und Orangenlikör im Mixer auf höchster Stufe etwa 10 Minuten pürieren, bis die Masse dicklich wird.

5. Die Gläser aus dem Ofen nehmen und die Konfitüre hineinfüllen. Die Gläser sofort verschließen. Die Beerenkonfitüre im Kühlschrank aufbewahren.

Zubereitungszeit:
ca. 20 Minuten

Raffiniert

Heidelbeer-Orangen-Konfitüre

Für 4 Gläser à 250 ml Inhalt

- 250 g Heidelbeeren
- 3 unbehandelte Orangen
- 500 g Gelierzucker
- 1 Pck. Vanillezucker
- 5 cl Orangenlikör

1. Die Gläser und die Deckel sterilisieren und abtropfen lassen. Den Backofen auf 100 °C (Umluft 80 °C, Gas Stufe 1) vorheizen.

2. Die Heidelbeeren waschen, verlesen und abtropfen lassen. 1 Orange heiß waschen und trocknen. Die Schale abreiben. Alle Orangen schälen und die Filets aus den Häuten lösen, dabei den Saft auffangen.

3. Die Gläser in den vorgeheizten Backofen stellen, damit sie ganz trocknen.

4. Heidelbeeren, Orangenfilets, -saft und -schale mit dem Gelier- und dem Vanillezucker sowie dem Orangenlikör im Mixer 10 Minuten auf höchster Stufe pürieren, bis die Masse dicklich wird.

5. Die Gläser aus dem Ofen nehmen und die Konfitüre hineinfüllen. Die Gläser sofort verschließen. Die Konfitüre im Kühlschrank aufbewahren und innerhalb von etwa 4 Wochen verbrauchen.

Zubereitungszeit:
ca. 30 Minuten

Raffiniert

Birnen-Apfel-Konfitüre mit Sesam

Für 2 Gläser à 250 ml Inhalt

- 2 EL Sesamsamen
- 2 Birnen
- 2 Äpfel
- 250 g Gelierzucker
- 2 Tropfen Bittermandel-aroma

1. Die Gläser und die Deckel sterilisieren und abtropfen lassen. Den Backofen auf 100 °C (Umluft 80 °C, Gas Stufe 1) vorheizen.

2. Sesamsamen in einer Pfanne ohne Fett goldgelb rösten, dann beiseite stellen.

3. Birnen und Äpfel schälen, vierteln und ohne Kerngehäuse grob zerkleinern.

4. Die Gläser in den vorgeheizten Backofen stellen, damit sie ganz trocknen.

5. Die Fruchtstücke mit dem Gelierzucker und dem Bittermandelaroma mischen und im Mixer auf höchster Stufe etwa 10 Minuten pürieren, bis die Masse dicklich wird.

6. Die Gläser aus dem Ofen nehmen und die Marmelade hineinfüllen. Die Gläser sofort verschließen. Die Konfitüre im Kühlschrank aufbewahren und innerhalb von etwa 4 Wochen verbrauchen.

Zubereitungszeit:
ca. 20 Minuten

Gelingt leicht

Himbeerkonfitüre

Für 4 Gläser à 250 ml Inhalt

- 500 g Himbeeren
- 1 unbehandelte Zitrone
- 500 g Gelierzucker

1. Die Gläser und die Deckel sterilisieren und abtropfen lassen. Den Backofen auf 100 °C (Umluft 80 °C, Gas Stufe 1) vorheizen.

2. Die Himbeeren putzen und verlesen. Die Zitrone heiß waschen und trockenreiben. Die Schale fein abreiben.

3. Die Gläser in den vorgeheizten Backofen stellen, damit sie ganz trocknen.

4. Himbeeren mit Zitronenschale und Gelierzucker im Mixer auf höchster Stufe etwa 10 Minuten pürieren, bis die Masse dicklich wird.

5. Die Konfitüre in die Gläser füllen und diese sofort verschließen. Die Konfitüre innerhalb von etwa 4 Wochen verbrauchen.

Zubereitungszeit:
ca. 20 Minuten

Raffiniert

Cranberry-Orangen-Konfitüre mit Nelken, Zimt und Vanille

Für 2 Gläser à 250 ml Inhalt

- 250 g Cranberries
- 1 unbehandelte Orange
- ½ Vanilleschote
- 1 Prise gemahlene Nelken
- ½ TL Zimt
- 250 g Gelierzucker

1. Die Gläser und die Deckel sterilisieren und auf einem sauberen Küchentuch abtropfen lassen. Den Backofen auf 100 °C (Umluft 80 °C, Gas Stufe 1) vorheizen.

2. Die Cranberries waschen und verlesen. Die Orange heiß waschen und trockenreiben. Die Schale fein abreiben. Die Orange schälen, dabei auch die weiße Innenhaut völlig entfernen. Die Orangenfilets aus den Häuten lösen. Die ½ Vanilleschote längs aufschlitzen und das Mark herausschaben.

3. Die Gläser in den vorgeheizten Backofen stellen, damit sie ganz trocknen.

4. Die Cranberries mit den Orangenfilets, -saft und -schale, dem Vanillemark, Nelken, Zimt und dem Gelierzucker im Mixer auf höchster Stufe etwa 10 Minuten pürieren, bis die Masse dicklich wird.

5. Die Gläser aus dem Ofen nehmen und die Konfitüre hineinfüllen. Die Gläser sofort verschließen. Die Konfitüre im Kühlschrank aufbewahren und innerhalb von etwa 4 Wochen verbrauchen.

Zubereitungszeit:
ca. 15 Minuten

Variante

Wenn Sie keine Cranberries erhalten, können Sie ersatzweise Preiselbeeren für die Konfitüre verwenden.

Tipp

Cranberries sind auch unter dem Namen Kranichbeeren bekannt, weil sie angeblich bevorzugte Nahrung dieser Vögel sind. Die großen roten, säuerlich schmeckenden Beeren sind bei uns mittlerweile gut zu erhalten. Geschmacklich und auch optisch haben sie eine große Ähnlichkeit mit Preisel- und Moosbeeren. Cranberries haben einen hohen Gehalt an Vitamin C.

Gelingt leicht

Kakikonfitüre

Für 2 Gläser à 250 ml Inhalt

- 1 unbehandelte Zitrone
- 150 g Stachelbeeren
- 300 g Kakis
- 250 g Gelierzucker

1. Die Gläser und die Deckel sterilisieren und abtropfen lassen. Den Backofen auf 100 °C (Umluft 80 °C, Gas Stufe 1) vorheizen.

2. Die Zitrone heiß waschen und trocknen. Die Schale fein abreiben. Die Stachelbeeren waschen und verlesen. Die Kakis halbieren und das Fruchtfleisch herauslösen.

3. Die Gläser in den vorgeheizten Backofen stellen, damit sie ganz trocknen.

4. Das Kakifruchtfleisch mit den Stachelbeeren, der Zitronenschale und dem Gelierzucker im Mixer auf höchster Stufe etwa 10 Minuten pürieren, bis die Masse dicklich wird.

5. Die Gläser aus dem Ofen nehmen und die Konfitüre hineinfüllen. Die Gläser sofort verschließen. Die Konfitüre im Kühlschrank aufbewahren und in 4 Wochen aufbrauchen.

Zubereitungszeit:
ca. 30 Minuten

Exotisch

Kiwikonfitüre mit Mango

Für 4 Gläser à 250 ml Inhalt

- 1 Mango
- 3 Kiwis
- 1 unbehandelte Orange
- 500 g Gelierzucker

Die Kiwikonfitüre mit Mango (Bild rechts) gibt dem Morgen den richtigen Frischekick.

1. Die Mango schälen und das Fruchtfleisch in Spalten vom Stein schneiden. Die Kiwis halbieren und das Fruchtfleisch herauslösen. Die Orange heiß waschen und trocknen. Die Schale mit einem Zestenreißer abhobeln.

2. Die Orange schälen, dabei auch die weiße Innenhaut völlig entfernen. Die Orangenfilets mit einem scharfen Messer aus den Häuten lösen, dabei den Saft auffangen.

3. Mango-, Kiwi- und Orangenfruchtfleisch, Orangenschale und -saft sowie den Gelierzucker im Mixer auf höchster Stufe etwa 10 Minuten pürieren, bis die Masse dicklich wird.

4. Die Konfitüre in sterilisierte, ganz trockene Gläser füllen. Die Gläser sofort verschließen. Die Konfitüre im Kühlschrank aufbewahren und innerhalb von etwa 4 Wochen verbrauchen.

Zubereitungszeit:
ca. 30 Minuten

Schnell

Erdbeerkonfitüre mit Zitronenmelisse

Für 2 Gläser à 250 ml Inhalt

- 250 g Erdbeeren
- 1 EL Zitronensaft
- 250 g Gelierzucker
- einige Zitronenmelisseblättchen

1. Die Erdbeeren kurz abbrausen und die Stiele entfernen. Die Beeren zerkleinern.

2. Die Erdbeeren, den Zitronensaft und den Gelierzucker im Mixer auf höchster Stufe etwa 10 Minuten pürieren, bis die Masse dicklich wird.

3. Die Zitronenmelisse waschen, trockentupfen und die Blättchen fein hacken. Die Zitronenmelisse unter die Erdbeerkonfitüre rühren.

4. Die Konfitüre in sterilisierte, ganz trockene Gläser füllen. Die Gläser sofort verschließen. Die Konfitüre im Kühlschrank aufbewahren und innerhalb von etwa 4 Wochen verbrauchen.

Zubereitungszeit:
ca. 20 Minuten

Gelingt leicht

Erdbeer-Aprikosen-Konfitüre

Für 2 Gläser à 250 ml Inhalt

- 150 g Erdbeeren
- 4 Aprikosen
- 1 unbehandelte Zitrone
- 250 g Gelierzucker

1. Die Erdbeeren kurz abbrausen und die Stiele entfernen. Die Aprikosen waschen, halbieren und entsteinen. Die Zitrone heiß waschen und trockenreiben. Die Schale mit einem Zestenreißer abhobeln.

2. Die Erdbeeren und die Aprikosen mit dem Gelierzucker und der Zitronenschale im Mixer auf höchster Stufe etwa 10 Minuten pürieren, bis die Masse dicklich wird.

3. Die Konfitüre in sterilisierte, ganz trockene Gläser füllen. Die Gläser sofort verschließen. Die Konfitüre im Kühlschrank aufbewahren und innerhalb von etwa 4 Wochen verbrauchen.

Zubereitungszeit:
ca. 20 Minuten

Raffiniert

Dattel-Feigen-Konfitüre mit Rum

Für 2 Gläser à 250 ml Inhalt

- 200 g frische Datteln
- 200 g frische Feigen
- 1 unbehandelte Orange
- 250 g Gelierzucker
- 2 EL Rum

1. Die Datteln entsteinen. Die Feigen vierteln und schälen. Die Orange waschen und trockenreiben. Die Schale fein abreiben.

2. Datteln, Feigen, Orangenschale, Gelierzucker und Rum im Mixer auf höchster Stufe etwa 10 Minuten pürieren, bis die Masse dicklich wird.

3. Die Konfitüre in sterilisierte, ganz trockene Gläser füllen. Die Gläser sofort verschließen. Die Konfitüre im Kühlschrank aufbewahren und innerhalb von etwa 4 Wochen verbrauchen.

Zubereitungszeit:
ca. 20 Minuten

Varianten
Statt Rum harmoniert auch Aprikosen- oder Zitronenlikör ausgezeichnet mit der Dattel-Feigen-Konfitüre.

Gelingt leicht

Himbeer-Heidelbeer-Konfitüre

Für 2 Gläser à 250 ml Inhalt

- 150 g Himbeeren
- 150 g Heidelbeeren
- 250 g Gelierzucker
- 1 Pck. Orange-back
- 1 EL Rum

1. Die Himbeeren putzen und verlesen. Die Heidelbeeren kurz abbrausen, verlesen und abtropfen lassen.

2. Die Beeren mit Gelierzucker, Orange-back und Rum im Mixer auf höchster Stufe etwa 10 Minuten pürieren, bis die Masse dicklich wird.

3. Die Konfitüre in sterilisierte, ganz trockene Gläser füllen. Die Gläser sofort verschließen. Die Konfitüre im Kühlschrank aufbewahren und innerhalb von etwa 4 Wochen verbrauchen.

Zubereitungszeit:
ca. 20 Minuten

Würziges in Essig und Öl

Schon sehr früh wussten Menschen sich die konservierenden Eigenschaften von Essig und Öl zunutze zu machen. Wie ausgefeilt die Rezepte damals waren und welche Lebensmittel genau eingelegt wurden, wissen wir nicht. Heute schätzen wir jedenfalls aromatisch eingelegte Paprikaschoten und Auberginen als Vorspeise, süßsauren Kürbis oder Senfgemüse als Beilage zu Fleisch oder Gewürzgurken zum Abendbrot. Zusätzlich in diesem Kapitel: milchsauer eingelegtes Gemüse.

Spezialität aus Italien

Eingelegte Paprikaschoten

Für 1 Glas à 500 ml Inhalt

- 1 kg rote Paprikaschoten
- 6 Knoblauchzehen
- ½ TL Salz
- Pfeffer
- 200 ml Olivenöl

1. Den Backofen auf 275 °C (Umluft 250 °C, Gas Stufe 7) vorheizen. Das Glas und den Deckel sterilisieren und auf einem sauberen Tuch abtropfen lassen.

2. Die Parikaschoten halbieren. Die Schotenhälften waschen und putzen. Die Hälften nochmals teilen und trockentupfen.

3. Die Paprikastücke auf ein Backblech legen und im vorgeheizten Backofen rösten, bis die Haut braun wird und Blasen wirft. Das dauert etwa 30 Minuten.

4. Die Schotenstücke aus dem Backofen nehmen, sofort mit einem feuchten Küchentuch bedecken und abkühlen lassen.

5. Inzwischen die Knoblauchzehen abziehen und halbieren. Von den Paprikaschoten die Haut abziehen.

6. Die Parikaschoten mit Salz und Pfeffer würzen und mit den halbierten Knoblauchzehen in das Glas schichten. So viel Öl angießen, dass die Paprikaschoten vollständig bedeckt sind. Das Glas verschließen und die Paprikaschoten vor dem Verzehr 3 bis 4 Tage durchziehen lassen.

Arbeitszeit: ca. 30 Minuten
Backzeit: ca. 30 Minuten
Zeit zum Ziehen: ca. 4 Tage

Variante
Wer Kräuter gerne mag, kann 1 Zweig Oregano oder Thymian mit den Paprikaschoten einlegen. Dafür die Kräuter waschen und sorgfältig trockentupfen.

Serviertipp
Eingelegte Paprikaschoten gehören zu den traditionellen italienischen Gemüsevorspeisen. Reichen Sie Pizzabrot oder Ciabatta sowie ein Glas trockenen Rotwein dazu.

Mediterrane Gaumenfreuden garantieren die Eingelegten Paprikaschoten mit Knoblauch und Olivenöl (Bild Seite 38/39, rechts).

Raffiniert

Auberginen in Walnussöl

Für 1 Glas à 500 ml Inhalt

- 1 Zweig Oregano
- 2 kleine Auberginen (ca. 500 g)
- 150 ml Olivenöl
- Salz
- Pfeffer
- 3 Knoblauchzehen
- 50 g Walnusskerne

1. Den Oregano waschen und gründlich trockentupfen. Die Auberginen waschen, putzen und in kleine Würfel schneiden. In einer Pfanne 6 bis 8 Esslöffel Öl erhitzen und die Auberginenwürfel darin portionsweise anbraten. Die Auberginen herausnehmen und mit Salz und Pfeffer nach Belieben würzen.

2. Die Knoblauchzehen abziehen und durch die Presse drücken. Die Walnusskerne grob hacken. Knoblauch und gehackte Walnusskerne unter die Auberginenwürfel mischen.

3. Die Auberginenmischung mit dem Oregano in ein sterilisiertes Glas geben. Mit so viel Öl begießen, dass alles ganz bedeckt ist.

4. Das Glas verschließen und kühl und dunkel lagern. Die Auberginen vor dem Verzehr 3 bis 4 Tage durchziehen lassen.

Arbeitszeit: ca. 40 Minuten
Zeit zum Ziehen: ca. 4 Tage

Gelingt leicht

Knoblauch mit Rosmarin in Öl

Für 4 Gläser à 250 ml Inhalt

- 2 Zweige Rosmarin
- 6 junge Knoblauchknollen
- ca. 500 ml Olivenöl

Knoblauch mit Rosmarin in Öl (Bild Seite 38/39, links) passt gut zu einem deftigen Imbiss.

1. Den Rosmarin waschen und gründlich trockentupfen. Die Knoblauchknollen in die einzelnen Zehen teilen. Die Knoblauchzehen abziehen.

2. Die Rosmarinnadeln von den Stielen streifen und mit den Knoblauchzehen auf sterilisierte, ganz trockene Gläser verteilen.

3. Den Knoblauch mit dem Olivenöl begießen, er soll ganz von dem Öl bedeckt sein.

4. Die Gläser verschließen und kühl und dunkel lagern. Den Knoblauch vor dem Verzehr 3 bis 4 Tage durchziehen lassen. Angebrochene Gläser im Kühlschrank aufbewahren.

Arbeitszeit: ca. 40 Minuten
Zeit zum Ziehen: ca. 4 Tage

Gelingt leicht

Zucchini und Blumenkohl in Essig

Für 3 Gläser à 500 ml Inhalt

- 1 kleiner Blumenkohl (ca. 600 g)
- 2 kleine Zucchini (ca. 300 g)
- 500 ml Weißweinessig
- 3–4 weiße Pfefferkörner
- 3 EL Zucker
- 3 Korianderkörner
- 1 TL Salz

Süßsauer eingelegt: Zucchini und Blumenkohl in Essig (Bild rechts).

1. Gläser und Deckel sterilisieren und auf einem sauberen Tuch abtropfen lassen.

2. Den Blumenkohl waschen, putzen und in kleine Röschen teilen. Die Zucchini waschen. Die Enden abschneiden und die Früchte in gleichmäßige Würfel schneiden.

3. Den Essig mit 500 Milliliter Wasser, Pfefferkörnern, Zucker, Korianderkörnern und Salz in einen Topf geben und zum Kochen bringen.

4. Zuerst die Blumenkohlröschen in den Sud geben und darin etwa 4 Minuten blanchieren. Dann die Zucchiniwürfel hinzufügen und etwa 1 Minute mitkochen.

Tipp

Verwenden Sie auf jeden Fall kleine Zucchini: Sie enthalten nicht so viel Wasser wie große Früchte und haben deshalb mehr Biss.

5. Die Gläser auf ein feuchtes Tuch stellen. Das Gemüse mit einem Schaumlöffel herausheben und in die Gläser füllen. Den Sud nochmals aufkochen lassen und über das Gemüse gießen.

6. Die Gläser verschließen und kühl und dunkel lagern. Das Gemüse vor dem Verzehr etwa 1 Woche durchziehen lassen.

Arbeitszeit: ca. 30 Minuten
Zeit zum Ziehen: ca. 1 Woche

Varianten

- Auf diese Weise können Sie die verschiedensten Gemüsearten süßsauer einlegen. Beachten Sie beim Blanchieren die unterschiedlichen Garzeiten der einzelnen Gemüsesorten.
- Verwenden Sie einen anderen Essig: Auch Sherryessig oder Reisessig schmecken sehr gut.
- Wenn Sie gerne scharf essen, legen Sie 1 kleine rote Chilischote mit in den Sud.

Pikant

Ziegenkäse mit Chilischoten in Würzöl

Für 2 Gläser à 350 ml Inhalt

- 2 Zweige Rosmarin
- 2 Zweige Thymian
- 4 kleine rote Chilischoten
- 4 kleine runde Ziegenfrischkäse (à ca. 75 g; z. B. Crottin de Chavignol)
- 4 Lorbeerblätter
- 6 weiße Pfefferkörner
- 500 ml Olivenöl

1. Die Gläser und die Deckel sterilisieren und auf einem sauberen Tuch abtropfen lassen.

2. Den Rosmarin und den Thymian waschen und gründlich trockentupfen. Die Chilischoten waschen, längs aufschneiden und die Kerne entfernen.

3. Den Ziegenkäse vierteln. Die Viertel mit Rosmarin, Thymian, Chilischoten, Lorbeerblättern und Pfefferkörnern in die Gläser verteilen.

4. Das Olivenöl über die Zutaten gießen, sie sollen ganz von dem Öl bedeckt sein. Die Gläser verschließen. Den Ziegenkäse an einem kühlen, dunklen Ort etwa 1 Woche durchziehen lassen.

Arbeitszeit: ca. 20 Minuten
Zeit zum Ziehen: ca. 1 Woche

Varianten

- Auf diese Weise können Sie auch Feta einlegen. Dafür 200 Gramm Feta in Würfel schneiden und wie beschrieben einlegen und durchziehen lassen.
- Besondere Würze erhält der Ziegenkäse, wenn Sie noch schwarze Oliven oder kleine Kirschtomaten mit einlegen, dann brauchen Sie allerdings weniger Käse. Dafür die Kirschtomaten mit einem Holzspießchen rundum mehrmals einstechen.
- Köstlich schmeckt es auch, wenn Sie 1 kleine Aubergine waschen, putzen, würfeln, in Olivenöl anbraten und mit dem Käse einlegen.

Tipp

Die Zutaten müssen vom Öl immer vollständig bedeckt sein, sonst kann sich Schimmel bilden. Achten Sie auch darauf, dass die Kräuter völlig trocken sind, denn Wasser begünstigt die Schimmelbildung.

Von milder Schärfe: Ziegenkäse mit Chilischoten in Würzöl (Bild rechts).

Braucht etwas Zeit

Eingelegter Mozzarella mit Paprika

Für 2 Gläser à 500 ml Inhalt

- 2 rote Paprikaschoten
- 1 Bund Basilikum
- 4 Knoblauchzehen
- 10 kleine Mozzarellakugeln
- 250 ml Olivenöl

1. Den Backofen auf 275 °C (Umluft 250 °C, Gas Stufe 7) vorheizen. Die Gläser und die Deckel sterilisieren und auf einem sauberen Tuch abtropfen lassen.

2. Die Paprikaschoten halbieren. Die Hälften waschen, putzen und achteln. Die Paprikaachtel auf ein Backblech legen und im vorgeheizten Backofen rösten, bis sie braun werden und die Haut Blasen wirft. Das dauert etwa 30 Minuten.

3. Inzwischen das Basilikum waschen und trockentupfen. Die Blättchen abzupfen und in Streifen schneiden.

4. Die Knoblauchzehen abziehen und halbieren. Die Mozzarellakugeln abtropfen lassen und mit einem Holzspießchen rundum mehrmals einstechen.

5. Die Paprikastücke aus dem Backofen nehmen und sofort mit einem feuchten Küchentuch bedecken. Die Schotenstücke etwas abkühlen lassen, dann die Haut abziehen.

6. Paprikastücke, Mozzarellakugeln, Basilikum und Knoblauch in die Gläser verteilen. So viel Öl angießen, dass die Zutaten völlig bedeckt sind.

7. Die Gläser verschließen und an einen kühlen, dunklen Ort stellen. Die Mozzarellakugeln etwa 1 Woche durchziehen lassen.

Arbeitszeit: ca. 1 Stunde
Zeit zum Ziehen: ca. 1 Woche

Tipps

Statt kleiner Mozzarellakugeln können Sie natürlich auch große Kugeln oder Laibe nehmen und diese in Würfel schneiden.
Probieren Sie einmal Büffelmozzarella. Er hat einen besonders feinen und würzigen Geschmack, ist allerdings etwas teurer als herkömmlicher Mozzarella aus Kuhmilch.

Braucht etwas Zeit

Frischkäse-Kräuter-Bällchen in Öl

Für 2 Gläser à 500 ml Inhalt

- ½ unbehandelte Zitrone
- 4 Zweige Basilikum
- 4 Zweige Thymian
- 3 Zweige Oregano
- 2 Knoblauchzehen
- 500 g Ziegenfrischkäse
- ca. 500 ml Olivenöl
- Salz
- Pfeffer

1. Die Zitrone heiß waschen und trockenreiben. Die Schale fein abreiben und die Zitrone auspressen. Basilikum, Thymian und Oregano waschen und trockentupfen. Die Blättchen von den Stielen zupfen und fein hacken. Den Knoblauch abziehen und durch die Knoblauchpresse drücken.

2. Ziegenfrischkäse mit 2 Esslöffeln Olivenöl in eine Schüssel geben und verrühren. Zitronenschale, 1 Esslöffel Zitronensaft, Knoblauch und Kräuter unterrühren. Die Masse mit Salz und Pfeffer würzen.

3. Die Gläser und die Deckel sterilisieren und auf einem sauberen Tuch abtropfen lassen.

4. Aus der Frischkäsemasse mit feuchten Händen kleine Bällchen formen. Diese fest zusammendrücken, damit sie nicht zerfallen.

5. Die Bällchen in die vorbereiteten Gläser schichten und mit so viel Öl übergießen, dass sie ganz bedeckt sind.

6. Die Gläser verschließen und an einen kühlen, dunklen Ort stellen. Die Käsebällchen vor dem Verzehr 2 bis 3 Tage durchziehen lassen.

Arbeitszeit: ca. 20 Minuten
Zeit zum Ziehen: ca. 3 Tage

Serviertipp
Reichen Sie dazu getrocknete eingelegte Tomaten, schwarze Oliven und gegrillte Paprikaschoten sowie knusprig aufgebackenes Fladenbrot.

Raffiniert

Shiitakepilze in Rosmarinöl

Für 2 Gläser à 500 ml Inhalt

- 1 kg Shiitakepilze
- 1 unbehandelte Zitrone
- je 1 Zweig Rosmarin und Thymian
- einige Salbeiblättchen
- 500 ml Weißweinessig
- ½ TL Meersalz
- 2 Lorbeerblätter
- 1 Nelke
- 3 Wacholderbeeren
- 4–5 Pfefferkörner
- 4 Knoblauchzehen
- 400 ml Olivenöl

Shiitakepilze in Rosmarinöl (Bild rechts) lassen das Feinschmeckerherz höher schlagen.

1. Die Gläser und die Deckel sterilisieren und auf einem sauberen Tuch abtropfen lassen.

2. Die Pilze putzen und die Stielenden abschneiden. Die Zitrone heiß waschen und die Schale dünn abschälen. Die Zitrone auspressen. Die Kräuter waschen und trockentupfen.

3. Den Weißweinessig mit 500 Milliliter Wasser in einem Topf zum Kochen bringen. Zitronenschale sowie -saft, Salz, Kräuter und Gewürze hinzufügen. Die Pilze in diesem Sud etwa 5 Minuten bei mittlerer Hitze kochen lassen, anschließend in der Flüssigkeit noch etwa 15 Minuten ziehen lassen.

4. Die Pilze auf einem Küchentuch gut abtropfen lassen. Dann mit den Kräutern in die Gläser verteilen. Den Knoblauch abziehen und je 2 Zehen in jedes Glas geben.

5. Die Pilze mit so viel Öl begießen, dass sie ganz bedeckt sind. Die Gläser verschließen und an einen kühlen, dunklen Ort stellen. Die Pilze vor dem Verzehr etwa 1 Woche durchziehen lassen.

Arbeitszeit: ca. 40 Minuten
Zeit zum Ziehen: ca. 1 Woche

Varianten

- Auf diese Art können Sie auch Champignons oder Pfifferlinge einmachen. Verwenden Sie dafür kleine Pilze und achten Sie darauf, dass die Champignonköpfe geschlossen sind.
- Auch Austernpilze eignen sich für dieses Rezept. Sie sollten allerdings vor dem Einlegen gegrillt werden. Dafür die Pilze putzen und im 270 °C heißen Backofen oder unter dem Elektrogrill etwa 10 Minuten grillen. Dabei die Pilze immer wieder wenden und mit Öl bepinseln. Danach die Austernpilze wie im Rezept beschrieben mit Kräutern und Gewürzen in Gläser schichten und das Öl angießen.

Exotisch

Eingelegter Chinakohl auf asiatische Art

Für 2 Gläser à 500 ml Inhalt

- 1 kleiner Chinakohl
- 500 ml Reisessig
- 1 TL Meersalz
- 1 rote Chilischote
- 3 cm Ingwerwurzel
- 5 Knoblauchzehen
- 1 Bund Koriandergrün
- 250 ml Weißwein

1. Die Gläser und die Deckel sterilisieren und auf einem sauberen Tuch abtropfen lassen.

2. Vom Chinakohl die äußeren Blätter ablösen. Den Chinakohl längs halbieren und kurz abbrausen, dann trockentupfen. Die Chinakohlhälften quer in feine Streifen schneiden.

3. Den Essig mit 500 Milliliter Wasser und dem Salz in einem Topf zum Kochen bringen. Die Chinakohlstreifen darin etwa 2 Minuten blanchieren. Mit einem Schaumlöffel herausheben und abtropfen lassen.

4. Die Chilischote aufschneiden, waschen, putzen und die Kerne entfernen. Die Schote in feine Ringe schneiden. Den Ingwer schälen und fein reiben. Die Knoblauchzehen abziehen und halbieren. Das Koriandergrün waschen und abtropfen lassen.

5. Den Weißwein in den Essigsud geben und alles nochmals zum Kochen bringen. Den Sud etwa 5 Minuten sprudelnd kochen lassen.

6. Inzwischen den Chinakohl mit Chilischote, Ingwer, Knoblauch und Koriander in die Gläser verteilen. Die Gläser auf ein feuchtes Tuch stellen und den heißen Sud über den Chinakohl schöpfen. Er soll ganz von dem Sud bedeckt sein.

7. Die Gläser verschließen und an einen kühlen, dunklen Ort stellen. Den Chinakohl vor dem Verzehr etwa 1 Woche durchziehen lassen.

Arbeitszeit: ca. 45 Minuten
Zeit zum Ziehen: ca. 1 Woche

Varianten

- Wer Koriander nicht mag, ersetzt ihn durch glatte Petersilie.
- Statt Reisessig können Sie Sherryessig oder Apfelessig für den Sud verwenden.

Info

Reisessig ist besonders mild. Sie erhalten ihn im Asienladen oder im gut sortierten Feinkostgeschäft.

Klassiker

Süßsauer eingelegter Kürbis

Für 2 Gläser à 300 ml Inhalt

- 800 g Kürbis
- 1 cm Ingwerwurzel
- 150 ml Apfelessig (5 % Säure)
- ½ Zimtstange
- 2–3 Gewürznelken
- 2 Sternanis
- 150 g Honig

1. Die Gläser und die Deckel sterilisieren und auf einem sauberen Tuch abtropfen lassen.

2. Den Kürbis schälen und das faserige Fleisch mit den Kernen entfernen. Das restliche Kürbisfleisch in etwa 2 cm große Stücke schneiden. Den Ingwer schälen und in Scheiben schneiden.

3. Den Essig mit 150 Milliliter Wasser, Ingwer, Zimt, Nelken und Sternanis in einem Topf aufkochen lassen. Das Kürbisfleisch dazugeben und darin etwa 2 Minuten garen.

4. Die Gläser auf ein feuchtes Tuch stellen. Das Kürbisfleisch mit einem Schaumlöffel aus dem Topf schöpfen und in die Gläser geben.

5. Den Sud nochmals aufkochen lassen, dann den Honig unterrühren und den Sud über das Kürbisfleisch schöpfen. Der Sud sollte etwa 1 cm hoch über dem Kürbisfleisch stehen.

6. Die Gläser sofort verschließen und auf den Kopf stellen. Den Kürbis kühl und dunkel lagern und vor dem Verzehr etwa 1 Woche durchziehen lassen.

Arbeitszeit: ca. 30 Minuten
Zeit zum Ziehen: ca. 1 Woche

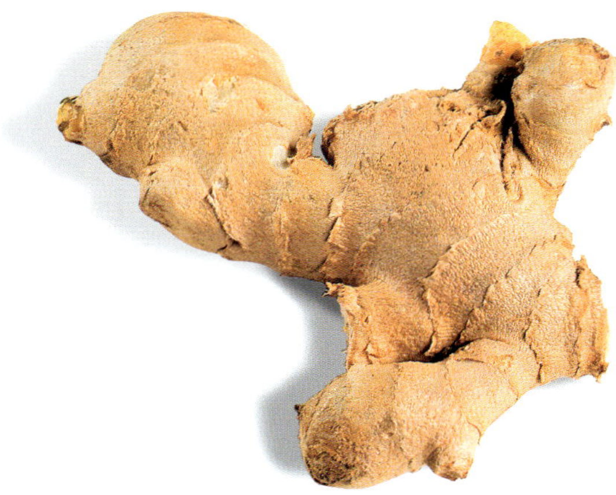

Gelingt leicht

Buntes Gemüseallerlei

Für 2 Gläser à 500 ml Inhalt

- 200 g Möhren
- 200 g Knollensellerie
- 200 g Blumenkohl
- 200 g rote Paprikaschoten
- 2 Knoblauchzehen
- 1 Bund gemischte Kräuter (z. B. Petersilie, Kerbel, Liebstöckel)
- 500 ml Weißweinessig
- 1 TL Meersalz
- 1 Gewürznelke
- 1 Lorbeerblatt
- 5 Pfefferkörner

1. Die Gläser und die Deckel sterilisieren und auf einem sauberen Tuch abtropfen lassen.

2. Die Möhren putzen, schälen und in feine Scheiben schneiden. Den Sellerie schälen und in feine Stifte schneiden. Den Blumenkohl waschen, putzen und in die einzelnen Röschen teilen. Die Paprikaschoten halbieren und entkernen. Die Hälften waschen, putzen und in Streifen schneiden. Die Knoblauchzehen abziehen und halbieren. Die Kräuter waschen und trockentupfen.

3. Den Weißweinessig mit 500 Milliliter Wasser, Salz und Gewürzen in einem Topf zum Kochen bringen. Die Gläser auf ein feuchtes Küchentuch stellen.

4. In dem Sud nacheinander zuerst die Möhren und den Sellerie in etwa 10 Minuten bissfest garen. Das Gemüse herausheben und in die Gläser schichten. Dann den Blumenkohl und die Paprikaschoten nacheinander etwa 5 Minuten in dem Sud blanchieren, herausheben und in die Gläser geben. Die Knoblauchzehen und die Kräuter hinzufügen.

5. Den Sud nochmals aufkochen lassen und über die Zutaten in den Gläsern gießen.

6. Die Gläser verschließen und an einen kühlen, dunklen Ort stellen. Das Gemüse vor dem Verzehr etwa 1 Woche durchziehen lassen.

Arbeitszeit: ca. 1 Stunde
Zeit zum Ziehen: ca. 1 Woche

Knoblauch und gemischte Kräuter würzen das Bunte Gemüseallerlei (Bild rechts).

Klassiker

Gewürzgurken

Für 4 Gläser à 500 ml Inhalt

- 1 kg kleine Einlegegurken
- 5 EL Meersalz
- 200 g Perlzwiebeln
- 1 Bund Dill
- 1 EL Pfefferkörner
- 4 Wacholderbeeren
- 4 Pimentkörner
- 4 Lorbeerblätter
- ½ TL Fenchelsamen
- 500 ml Weißweinessig
- 80 g Zucker

1. Die Gurken waschen, putzen und trockenreiben. Mit dem Salz in einer Schüssel mischen und so viel Wasser angießen, dass die Gurken gerade bedeckt sind. Die Gurken zugedeckt etwa 24 Stunden ziehen lassen.

2. Am nächsten Tag die Gläser und die Deckel sterilisieren und auf einem sauberen Tuch abtropfen lassen.

3. Die Perlzwiebeln abziehen. Den Dill waschen, trockentupfen und die groben Stiele entfernen. Pfefferkörner, Wacholderbeeren und Pimentkörner mit einem Löffelrücken leicht zerdrücken.

4. Die Gläser auf ein feuchtes Tuch stellen. Die Gurken aus dem Salzsud nehmen und trocknen. Gurken, Perlzwiebeln, Dill, zerdrückte Gewürze, Lorbeerblätter und Fenchelsamen in die Gläser verteilen.

5. Den Weißweinessig mit 500 Milliliter Wasser aufkochen lassen. Den Zucker hinzufügen und alles so lange kochen lassen, bis sich der Zucker aufgelöst hat.

6. Den Sud über die Gurken in den Gläsern gießen, sie sollen völlig davon bedeckt sein. Die Gläser sofort verschließen und auf den Kopf stellen.

7. Die Gewürzgurken an einem kühlen, dunklen Ort lagern und vor dem Verzehr mindestens 3 Wochen durchziehen lassen.

Arbeitszeit: ca. 1 Stunde
Zeit zum Marinieren:
ca. 24 Stunden
Zeit zum Ziehen:
ca. 3 Wochen

Varianten

- Wer es gerne scharf mag, gibt in jedes Glas zusätzlich 1 kleine rote Chilischote
- Zusätzliche Würze erhalten die eingelegten Gurken durch klein geschnittenen Meerrettich und 1 Gewürznelke pro Glas.

Tipp

Wenn Sie Dillblüten bekommen, legen Sie einige mit in die Gläser, das gibt nicht nur einen feinen Geschmack, sondern sieht auch dekorativ aus.

Braucht etwas Zeit

Senfgemüse

Für 2 Gläser à 500 ml Inhalt

- 200 g Blumenkohl
- 200 g Zucchini
- 200 g Möhren
- 200 g grüne Bohnen
- 200 g rote Paprikaschoten
- 150 g Salz
- 2 Zweige Basilikum
- 2 Knoblauchzehen
- 400 ml Weißweinessig
- 100 g Honig
- 1 Lorbeerblatt
- 1 EL Senfkörner

1. Den Blumenkohl waschen, putzen und in kleine Röschen teilen. Die Zucchini waschen, putzen und in etwa fingerdicke Streifen schneiden. Die Möhren schälen und ebenfalls in fingerdicke Streifen schneiden. Die Bohnen waschen, die Enden abschneiden. Die Bohnen quer halbieren. Die Paprikaschoten halbieren. Die Hälften waschen, putzen und in nicht zu dünne Streifen schneiden.

2. Das Gemüse in einer Schüssel mit dem Salz mischen und mit einem Teller oder einer anderen Schüssel beschweren. Etwa 24 Stunden, am besten über Nacht, kühl stellen.

3. Am nächsten Tag die Gläser und die Deckel sterilisieren und auf einem sauberen Küchentuch abtropfen lassen.

4. Das Gemüse in ein Sieb geben, gründlich abbrausen und abtropfen lassen. Das Basilikum waschen. Die Blättchen abzupfen und trockentupfen. Die Knoblauchzehen abziehen und halbieren.

5. Den Essig mit 400 Milliliter Wasser, Knoblauch, Honig, Lorbeerblatt und Senfkörnern in einem Topf zum Kochen bringen. Zuerst Blumenkohl, Möhren und Bohnen hineingeben und etwa 5 Minuten kochen lassen. Dann Zucchini und Paprika hinzufügen und alles weitere 3 Minuten kochen lassen.

6. Die Gläser auf ein feuchtes Tuch stellen. Das Gemüse mit einem Schaumlöffel aus dem Sud heben und mit den Basilikumblättchen und dem Knoblauch in die Gläser geben. Den Sud nochmals aufkochen lassen, dann über das Gemüse gießen. Die Gläser sofort verschließen und auf den Kopf stellen.

7. Die Gläser an einen dunklen, kühlen Ort stellen und das Gemüse vor dem Verzehr etwa 3 Wochen durchziehen lassen.

Arbeitszeit: ca. 1 Stunde
Zeit zum Marinieren:
ca. 24 Stunden
Zeit zum Ziehen:
ca. 3 Wochen

Braucht etwas Zeit

Sauerkraut

Für 1 Gärtopf à 10 l Inhalt

- 10 kg Weißkohl
- 80 g Meersalz
- 3 Lorbeerblätter
- 2 EL Wacholderbeeren
- 2 EL Kümmel
- 1 EL weiße Pfefferkörner
- 500 ml Trinkmolke (aus dem Reformhaus)

So gut wie zu Großmutters Zeiten: selbst gemachtes Sauerkraut (Bild rechts).

1. Die Kohlköpfe waschen. Die äußeren Blätter ablösen. Schöne Blätter zum Abdecken beiseite legen, die anderen wegwerfen. Die Kohlköpfe vierteln und den Strunk entfernen. Die Kohlviertel quer in feine Streifen schneiden oder hobeln.

2. Das Kraut mit Salz, Lorbeerblättern, Wacholderbeeren, Kümmel und Pfefferkörnern mischen.

3. Den Gärtopf gründlich mit heißem Wasser ausspülen. Das Kraut 2 bis 3 cm hoch einschichten und mit einem Stampfer so lange bearbeiten, bis sich reichlich Flüssigkeit gebildet hat.

4. Jetzt eine neue Schicht Kraut darauf verteilen und wieder so lange stampfen, bis sich reichlich Flüssigkeit gebildet hat. So weiter verfahren, bis der Topf zu etwa vier Fünfteln gefüllt ist.

5. Die Molke angießen und das Kraut mit den beiseite gelegten Kohlblättern abdecken. Den Beschwerungsstein auflegen, er sollte ganz mit Flüssigkeit bedeckt sein. Sollte dies nicht der Fall sein, das Kraut mit Salzwasser (1 Esslöffel Salz auf 1 Liter Wasser) begießen.

6. Den Topfrand und die Wasserrinne reinigen. Den Topf bei Zimmertemperatur stehen lassen, bis aus der Wasserrinne Gas austritt höchstens aber 10 Tage. Dann den Topf an einen kühlen Ort stellen.

7. Das Kraut etwa 6 Wochen ziehen lassen. Dann wie gewohnt kochen.

Arbeitszeit: ca. 2 Stunden
Zeit zum Marinieren: 10 Tage
Zeit zum Ziehen:
ca. 6 Wochen

Tipps

Lassen Sie das Gemüse nicht zu lange bei Zimmertemperatur stehen, es wird sonst sauer.
Wenn Sie nur eine kleine Portion zubereiten möchten, stampfen Sie das Gemüse in einer Schüssel, füllen es in ein sterilisiertes Glas und begießen es mit Salzwasser. Sofort verschließen und wie beschrieben stehen lassen.

Varianten

Auf diese Art lassen sich viele Gemüsesorten haltbar machen, beispielsweise Rotkohl, Wirsing, Chinakohl, Rote Bete, Möhren oder Sellerie.

Klassiker

Rote Bete

Für 2 Gläser à 500 ml Inhalt

- 1 kg Rote Beten
- 100 g Perlzwiebeln
- 1 Bund glatte Petersilie
- 1 TL Korianderkörner
- 2 Pimentkörner
- 1 TL weiße Pfefferkörner
- 400 ml Apfelessig (5 % Säure)
- 1 TL Meersalz
- 100 g Honig

1. Die Gläser und die Deckel sterilisieren und auf einem sauberen Küchentuch abtropfen lassen.

2. Die Roten Beten waschen, schälen und in etwa 2 cm große Würfel schneiden. Die Zwiebeln abziehen. Die Petersilie waschen und die groben Stiele entfernen. Koriander-, Piment- und Pfefferkörner leicht zerdrücken.

3. Den Apfelessig mit dem Salz und 400 Milliliter Wasser in einem Topf zum Kochen bringen. Die Gewürze und die Petersilie hinzufügen.

4. Die Rote-Bete-Würfel und die Perlzwiebeln in dem Sud etwa 3 Minuten garen. Die Gläser auf ein feuchtes Küchentuch stellen. Die Rote-Bete-Würfel und die Zwiebeln mit einem Schaumlöffel herausheben und in die Gläser geben.

5. Den Sud nochmals aufkochen lassen. Dann von der Kochstelle nehmen und den Honig unterrühren. So lange rühren, bis sich der Honig völlig aufgelöst hat.

6. Den heißen Sud über das Gemüse schöpfen, es sollte völlig vom Sud bedeckt sein.

7. Die Gläser sofort verschließen und auf den Kopf stellen. Die Rote Bete an einem kühlen, dunklen Ort lagern. Vor dem Verzehr etwa 1 bis 2 Wochen durchziehen lassen.

Arbeitszeit: ca. 45 Minuten
Zeit zum Ziehen:
ca. 2 Wochen

Gelingt leicht

Kumquatessig

Für 1 Flasche à 500 ml Inhalt

- einige Zweige Zitronenthymian
- 150 g Kumquats
- 400 ml Weißweinessig

1. Die Flasche (sie muss einen ausreichend breiten Hals haben) und den Deckel sterilisieren und auf einem sauberen Küchentuch abtropfen lassen.

2. Den Zitronenthymian heiß abbrausen und trockentupfen. Die Kumquats heiß waschen und sorgfältig trockenreiben. Die Früchte mit einem Holzspießchen einstechen.

3. Die Kumquats und den Zitronenthymian in die Flasche geben und den Essig darüber gießen. Die Früchte müssen von dem Essig völlig bedeckt sein.

4. Die Flasche verschließen und den Kumquatessig an einem warmen Ort etwa 2 Wochen durchziehen lassen.

5. Vor Gebrauch den Essig durch ein Mulltuch gießen und in eine sterilisierte Flasche umfüllen.

Arbeitszeit: ca. 15 Minuten
Zeit zum Ziehen:
ca. 2 Wochen

Klassiker

Kräuteressig

Für 1 Flasche à 500 ml Inhalt

- jeweils einige Zweige Dill, Estragon, Thymian und Kerbel
- 450 ml Weißweinessig

1. Die Flasche und den Deckel sterilisieren und auf einem sauberen Küchentuch abtropfen lassen.

2. Die Kräuter waschen und trockentupfen. Welke Blätter entfernen. Die Kräuter in die Flasche geben.

3. Den Weißweinessig in die Flasche gießen. Die Flasche verschließen und den Essig an einem warmen Ort etwa 2 Wochen ziehen lassen.

4. Vor Gebrauch den Kräuteressig durch ein Mulltuch gießen und in eine sterilisierte Flasche umfüllen. Die Kräuter entfernen.

Arbeitszeit: ca. 15 Minuten
Zeit zum Ziehen:
ca. 2 Wochen

Raffiniert

Himbeer-Erdbeer-Essig

Für 1 Flasche à 500 ml Inhalt

- 125 g Walderdbeeren
- 125 g Himbeeren
- einige Zitronenmelisse-blättchen
- 300 ml Apfelessig (5 % Säure)
- 100 ml trockener Weißwein
- 20 ml Essigsäure (30 % Säure; aus der Apotheke)

Himbeer-Erdbeer-Essig (Bild rechts, hinten) und Gewürzessig (Bild rechts, vorne) eignen sich gut zum Verschenken.

1. Die Flasche und den Deckel sterilisieren und auf einem sauberen Küchentuch abtropfen lassen.

2. Die Erdbeeren eventuell kurz abbrausen und abtropfen lassen. Die Stiele entfernen. Die Himbeeren putzen und verlesen. Die Zitronenmelisseblättchen waschen und trockentupfen.

3. Beeren und Zitronenmelisse in die Flasche geben. Den Apfelessig angießen. Die Flasche verschließen und an einen warmen Ort stellen. Den Essig etwa 2 Wochen ziehen lassen.

4. Den Himbeer-Erdbeer-Essig durch ein Mulltuch gießen. Die Früchte entfernen. Weißwein, Essigsäure und Essig in eine sterilisierte Flasche füllen und diese verschließen.

Arbeitszeit: ca. 15 Minuten
Zeit zum Ziehen:
ca. 2 Wochen

Varianten
Bereiten Sie einen Fruchtessig auch einmal mit Brombeeren oder schwarzen Johannisbeeren zu.

Raffiniert

Gewürzessig

Für 1 Flasche à 500 ml Inhalt

- ½ Zimtstange
- 1 Gewürznelke
- ½ TL Muskatblüte
- 4–5 Korianderkörner
- 4–5 weiße Pfefferkörner
- 1 Sternanis
- 1 cm Ingwerwurzel
- 450 ml Weißweinessig

1. Die Flasche und den Deckel sterilisieren und auf einem sauberen Küchentuch abtropfen lassen.

2. Die Gewürze in ein Mullsäckchen binden und in die Flasche geben. Den Weißweinessig angießen. Die Flasche verschließen und an einen warmen Ort stellen. Den Essig etwa 2 Wochen durchziehen lassen.

3. Eine zweite Flasche sterilisieren. Den Essig durch ein Mulltuch gießen und in die sterilisierte Flasche umfüllen. Das Mullsäckchen entfernen.

Arbeitszeit: ca. 10 Minuten
Zeit zum Ziehen:
ca. 2 Wochen

Raffiniert

Asiatisches Würzöl

Für 1 Flasche à 500 ml Inhalt

- 10 Zweige Koriandergrün
- 1 cm Ingwerwurzel
- 1 Stängel Zitronengras (aus dem Asienladen)
- 1 kleine rote Chilischote
- 1 Knoblauchzehe
- 500 ml Maiskeimöl

1. Flasche und Deckel sterilisieren und auf einem sauberen Küchentuch abtropfen lassen. Den Backofen auf 100 °C (Umluft 80 °C, Gas Stufe 1) vorheizen.

2. Das Koriandergrün waschen und trockentupfen. Den Ingwer schälen und in feine Scheiben schneiden. Das Zitronengras waschen und den unteren Teil in feine Streifen schneiden. Die Chilischote längs aufschneiden, waschen, putzen und die Kerne entfernen. Den Knoblauch abziehen.

3. Die Flasche in den Backofen stellen, damit sie ganz trocknet. Die Flasche herausnehmen.

4. Koriander, Ingwer, Zitronengras, Chilischote und Knoblauchzehe in die Flasche geben. Das Öl angießen die Zutaten sollen davon ganz bedeckt sein. Die Flasche verschließen.

5. Die Flasche kräftig schütteln, damit sich keine Luftblasen bilden. Die Flasche an einen kühlen, dunklen Ort stellen und das Würzöl dort etwa 2 Wochen durchziehen lassen.

6. Nach 2 Wochen den Koriander entfernen, damit sich kein Schimmel bilden kann.

Arbeitszeit: ca. 30 Minuten
Zeit zum Ziehen: ca. 2 Wochen

Erfrischend

Orangen-Zitronen-Öl

Für 1 Flasche à 500 ml Inhalt

- 1 unbehandelte Orange
- 1 unbehandelte Zitrone
- 1 Zweig Zitronenmelisse
- 450 ml Sonnenblumenöl

1. Flasche und Deckel sterilisieren und abtropfen lassen. Backofen auf 100 °C (Umluft 80 °C, Gas Stufe 1) vorheizen.

2. Orange und Zitrone heiß waschen und trocknen. Jeweils die Schale in einer Spirale dünn abschneiden.

3. Die Zitronenmelisse waschen und trockentupfen. Die Flasche in den Backofen stellen, damit sie ganz trocknet.

4. Orangen- und Zitronenschale sowie Zitronenmelisse in die Flasche geben und das Öl darüber gießen.

5. Die Flasche verschließen und das Öl an einem kühlen, dunklen Ort mindestens 1 Woche durchziehen lassen.

6. Eine zweite Flasche sterilisieren. Das Öl durch ein Mulltuch gießen und in die zweite Flasche umfüllen. Zitronen- und Orangenschale sowie Zitronenmelisse entfernen.

Arbeitszeit: ca. 20 Minuten
Zeit zum Ziehen: ca. 1 Woche

Scharf

Chiliöl

Für 1 Flasche à 500 ml Inhalt

- 3 kleine rote Chilischoten
- 500 ml Olivenöl

1. Flasche und Deckel sterilisieren und auf einem sauberen Küchentuch abtropfen lassen. Den Backofen auf 100 °C (Umluft 80 °C, Gas Stufe 1) vorheizen.

2. Die Chilischoten waschen und trockentupfen. Mit einer Nadel mehrmals einstechen.

3. Die Flasche in den Backofen stellen, damit sie ganz trocknet. Die Flasche herausnehmen und die Chilischoten hineingeben.

4. Das Öl darüber gießen und die Flasche verschließen. Das Chiliöl an einem kühlen, dunklen Ort lagern und etwa 1 Woche durchziehen lassen.

5. Eine zweite Flasche sterilisieren. Das Chiliöl durch ein Mulltuch gießen und in die sterilisierte Flasche umfüllen. Die Chilischoten entfernen.

Arbeitszeit: ca. 15 Minuten
Zeit zum Ziehen: ca. 1 Woche

Beschwipste und andere Früchte

Zum Dessert ein Löffelchen selbst gemachtes Kompott oder, wenn keine Kinder mitessen, auch in Alkohol eingelegte Früchte – das ist oft besser als manche noch so aufwendige Nachspeise. Hier finden Sie neue Geschmackskombinationen wie Zwetschgenkompott mit Ingwer oder Pinienkerne in Cognac. Aber auch exotische Früchte eignen sich hervorragend zum Einmachen und Einlegen. Lassen Sie sich inspirieren!

Raffiniert

Aprikosenkompott mit Holunder und Minze

Für 2 Gläser à 500 ml Inhalt

- 400 g Holunderbeeren
- 400 g Aprikosen
- 2 Zweige Minze
- 330 ml Holundersaft (aus dem Reformhaus)
- 60 g brauner Zucker
- ½ Zimtstange
- 1 Sternanis
- 1 Gewürznelke

1. Die Gläser und die Deckel sterilisieren und auf einem sauberen Küchentuch abtropfen lassen.

2. Die Holunderbeeren in kaltem Wasser waschen und die Beeren mit einer Gabel von den Stielen streifen. Die Beeren verlesen. Die Aprikosen waschen, halbieren und entsteinen. Die Minze waschen und trockentupfen. Die Blättchen von den Stielen zupfen.

3. Den Holundersaft mit Zucker, Zimtstange, Sternanis und Gewürznelke in einem Topf zum Kochen bringen. Die Aprikosen in den Saft geben und darin etwa 3 Minuten kochen lassen. Die Holunderbeeren und die Minzeblättchen hinzufügen und etwa 2 Minuten mitkochen.

4. Die Gläser auf ein feuchtes Küchentuch stellen. Das heiße Kompott hineinfüllen. Die Gläser sofort verschließen und auf den Kopf stellen.

Zubereitungszeit: ca. 30 Minuten

Varianten

- Holunderbeeren lassen sich mit vielen anderen Früchten zu Kompott verarbeiten. Folgende Kombinationen sind besonders fein: Apfel-Holunder-Kompott mit Zitronenmelisse, Birnen-Holunder-Kompott mit Lavendel oder Zwetschgen-Holunder-Kompott.
- Wer Holunder nicht so gerne mag, kann ihn durch Brombeeren oder schwarze Johannisbeeren ersetzen.

Das Aprikosenkompott mit Holunder und Minze (Bild Seite 64/65, links) ergänzt Süßspeisen aufs Beste.

Raffiniert

Zwetschgenkompott mit Ingwer

Für 2 Gläser à 500 ml Inhalt

- 1 kg Zwetschgen
- 3 cm Ingwerwurzel
- 1 unbehandelte Zitrone
- 500 ml naturtrüber Apfelsaft
- ½ Zimtstange
- 1 Gewürznelke
- 60 g brauner Zucker

Das Zwetschgenkompott mit Ingwer (Bild Seite 64/65, rechts) ist krönender Abschluss eines Menüs.

1. Die Gläser und die Deckel sterilisieren und auf einem sauberen Küchentuch abtropfen lassen.

2. Die Zwetschgen waschen, aufschneiden und entsteinen. Den Ingwer schälen und fein reiben. Die Zitrone heiß waschen, trocknen und in Scheiben schneiden.

3. Den Apfelsaft mit dem Ingwer, den Gewürzen und dem Zucker in einem Topf zum Kochen bringen. Die Zwetschgen und die Zitronenscheiben hineingeben und alles etwa 5 Minuten bei mittlerer Hitze kochen lassen. Falls die Zwetschgen von der Flüssigkeit nicht bedeckt sind, noch etwas Apfelsaft angießen.

4. Die Gläser auf ein feuchtes Tuch stellen und das Zwetschgenkompott hineinfüllen. Die Gläser sofort verschließen und auf den Kopf stellen.

Zubereitungszeit:
ca. 30 Minuten

Gelingt leicht

Birnenkompott mit Rotwein

Für 2 Gläser à 500 ml Inhalt

- 800 g feste Birnen
- 4 unbehandelte Orangen
- 200 ml trockener Rotwein
- 100 g Zucker
- ½ Zimtstange
- 1 Gewürznelke
- 1 Sternanis

1. Die Gläser und die Deckel sterilisieren und abtropfen lassen. Die Birnen schälen, vierteln und die Kerngehäuse entfernen. Die Birnenviertel nochmals halbieren.

2. Die Orangen heiß waschen und trocknen. Die Schale in Spiralen dünn abschneiden, die Orangen auspressen. Es sollte etwa 250 Milliliter Flüssigkeit ergeben.

3. Den Orangensaft mit -schale, Rotwein, Zucker, Zimtstange, Gewürznelke und Sternanis in einem Topf aufkochen lassen. Die Birnenachtel hineinlegen und in etwa 10 Minuten nicht zu weich kochen.

4. Die Gläser auf ein feuchtes Tuch stellen und das Birnenkompott hineinfüllen. Die Gläser sofort verschließen und auf den Kopf stellen.

Zubereitungszeit:
ca. 30 Minuten

Exotisch

Physaliskompott mit Lavendel

Für 2 Gläser à 500 ml Inhalt

- 800 g Physalis
- 1 Vanillesschote
- einige Zweige blühender Lavendel
- 250 ml Weißwein
- 250 ml weißer Traubensaft
- 60 g Zucker

Das Physaliskompott mit Lavendel (Bild rechts) beeindruckt durch Raffinesse.

1. Die Gläser und die Deckel sterilisieren und abtropfen lassen.

2. Die Physalis aus den Häuten lösen und nach Belieben ganz lassen oder halbieren. Die Vanilleschote längs aufschneiden, doch das Mark nicht herauskratzen. Die Schote quer halbieren. Den Lavendel waschen und die Blütendolden abschneiden.

3. Weißwein mit Traubensaft, Zucker, Vanillesschote und Lavendel in einem Topf zum Kochen bringen. Die Physalis hineingeben und in dem Sud 3 Minuten kochen.

4. Die Gläser auf ein feuchtes Tuch stellen und das Kompott hineinfüllen. Die Gläser sofort verschließen und auf den Kopf stellen.

Zubereitungszeit:
ca. 20 Minuten

Gelingt leicht

Kumquatkompott mit Orangenlikör

Für 2 Gläser à 500 ml Inhalt

- 800 g Kumquats
- 4 Limetten
- 1 Vanilleschote
- 250 ml Prosecco
- 75 ml Orangenlikör
- 80 g Zucker

1. Gläser und Deckel sterilisieren und abtropfen lassen. Die Kumquats in heißem Wasser gründlich waschen. Die Früchte entweder halbieren oder mit einer Nadel rundum einstechen.

2. Die Limetten heiß waschen. Die Schale ohne weiße Innenhaut in Spiralen dünn abschälen. Die Früchte halbieren und auspressen. Die Vanilleschote längs aufschneiden und quer halbieren, das Mark nicht herauskratzen.

3. Limettensaft und -schale mit Prosecco, Orangenlikör, Zucker und Vanillesschote in einem Topf zum Kochen bringen. Die Kumquats hineingeben und in der Flüssigkeit 15 Minuten kochen lassen.

4. Die Gläser auf ein feuchtes Tuch stellen und das Kompott hineinfüllen. Die Gläser sofort verschließen und auf den Kopf stellen.

Zubereitungszeit:
ca. 40 Minuten

Raffiniert

Bratapfelkompott mit Calvados

Für 2 Gläser à 500 ml Inhalt

- 1 kg fest fleischige Äpfel (z. B. Glockenapfel, Elstar)
- 1 unbehandelte Zitrone
- 50 g Butter
- 50 g Zucker oder Honig
- 1 TL gemahlener Zimt
- 2 Tropfen Bittermandelöl
- 500 ml naturtrüber Apfelsaft
- 2 Pck. Vanillezucker
- 5 cl Calvados

1. Die Gläser und die Deckel sterilisieren und auf einem sauberen Küchentuch abtropfen lassen.

2. Die Äpfel schälen und vierteln. Die Kerngehäuse entfernen. Die Apfelviertel nochmals halbieren. Die Zitrone heiß waschen und trockenreiben. Die Schale abreiben. Die Zitrone halbieren und auspressen. Die Apfelstücke mit der Zitronenschale und dem -saft mischen.

3. Die Butter in einer Pfanne erhitzen. Zucker oder Honig hinzufügen und die Mischung bei schwacher Hitze karamellisieren lassen. Die Apfelstücke darin wenden. Zimt und Bittermandelöl hinzufügen.

4. Den Apfelsaft mit dem Vanillezucker und dem Calvados in einem Topf zum Kochen bringen. Die Apfelstücke hinzufügen und in dem Sud etwa 5 Minuten kochen. Sollten die Apfelstücke nicht völlig von dem Sud bedeckt sein, noch etwas Apfelsaft hinzufügen.

5. Die Gläser auf ein feuchtes Tuch stellen und das Apfelkompott hineinfüllen. Die Gläser sofort verschließen und auf den Kopf stellen.

Zubereitungszeit:
ca. 30 Minuten

Variante
Wer Rosinen gerne mag, legt 1 Hand voll in Rum oder Calvados ein und lässt sie darin etwa 2 Stunden ziehen. Die Rosinen samt Einweichflüssigkeit zu den Äpfeln geben und mitkochen.

Gelingt leicht

Heidelbeerkompott mit Kirschsaft

Für 2 Gläser à 500 ml Inhalt

- 800 g Heidelbeeren
- 2 Zweige Zitronenmelisse
- 1 unbehandelte Zitrone
- 300 ml Kirschsaft
- ½ Zimtstange
- 1 Gewürznelke
- 80 g Zucker
- 1 Pck. Vanillezucker

1. Die Gläser und die Deckel sterilisieren und auf einem sauberen Küchentuch abtropfen lassen.

2. Die Heidelbeeren kurz abbrausen und abtropfen lassen. Die Beeren verlesen. Die Zitronenmelisse waschen und trockentupfen. Die Blättchen abzupfen. Die Zitrone heiß waschen und trockenreiben. Die Schale ohne die weiße Innenhaut in Spiralen dünn abschälen. Die Zitrone halbieren und auspressen.

3. Kirschsaft, Zitronensaft und -schale mit der Zimtstange und der Gewürznelke, dem Zucker und dem Vanillezucker in einem Topf zum Kochen bringen. Die Heidelbeeren hineingeben und in dem Sud etwa 4 Minuten kochen lassen. Die Zitronenmelisseblättchen hinzufügen.

4. Die Gläser auf ein feuchtes Tuch stellen und das Kompott hineinfüllen. Die Gläser sofort verschließen und auf den Kopf stellen.

Zubereitungszeit:
ca. 25 Minuten

Varianten

- Mischen Sie dieses Kompott mit Birnen, Pfirsichen, Brombeeren oder Preiselbeeren.
- Ein kleiner Schuss Alkohol gibt zusätzliche Raffinesse – natürlich nur, wenn keine Kinder mitessen. Geeignet sind schwarzer Johannisbeerlikör, Kirschwasser, Williams-Christ-Schnaps oder brauner Rum.

Gelingt leicht

Kirschen in Rum

Für 1 Flasche oder 1 Glas à 500 ml Inhalt

- 300 g Kirschen
- 100 g brauner Zucker
- 200 ml weißer Rum

Schmeckt köstlich zu Eis oder Gebäck: Kirschen in Rum (Bild rechts).

1. Die Flasche oder das Glas und den Deckel sterilisieren und abtropfen lassen.

2. Die Kirschen waschen. Die Stiele entfernen und die Früchte entsteinen.

3. In einem Topf 100 Milliliter Wasser mit dem braunen Zucker zum Kochen bringen. Die Mischung so lange kochen lassen, bis sich der Zucker aufgelöst hat.

4. Die Flasche oder das Glas auf ein feuchtes Tuch stellen. Die Kirschen hineinfüllen und mit dem heißen Zuckerwasser begießen. Den Rum dazugeben und alles verrühren. Oder das Gefäß verschließen und kräftig schütteln.

5. Die Kirschen in Rum vor Gebrauch an einem kühlen Ort 3 bis 4 Tage durchziehen lassen. Die Früchte halten sich kühl gelagert 2 Monate.

Arbeitszeit: ca. 25 Minuten
Zeit zum Ziehen: ca. 4 Tage

Schnell

Mangos in Cachaça

Für 1 Glas à 500 ml Inhalt

- 2 Mangos
- 1 unbehandelte Orange
- 80 g brauner Zucker
- 200 ml Cachaça (Zuckerrohrschnaps)

1. Das Glas und den Deckel sterilisieren und abtropfen lassen.

2. Die Mangos schälen, das Fruchtfleisch vom Stein schneiden und würfeln. Die Orange heiß waschen und trocknen. Die Schale in Spiralen abschälen. Die Orange auspressen.

3. Den Orangensaft mit dem braunen Zucker erwärmen und unter Rühren auflösen.

4. Das Glas auf ein feuchtes Tuch stellen. Mangowürfel und Orangenschale in das Glas schichten. Den heißen Zuckersirup darüber gießen, Cachaça hinzufügen. Das Glas sofort verschließen und alles kräftig durchschütteln.

5. Das Glas an einen kühlen dunklen Ort stellen. Die Mangos vor dem Verzehr etwa 4 bis 5 Tage durchziehen lassen.

Arbeitszeit: ca. 30 Minuten
Zeit zum Ziehen: ca. 5 Tage

Klassiker

Rumtopf

Für 1 Rumtopf à 3 l Inhalt

- 250 g möglichst kleine Erdbeeren
- 250 g Himbeeren
- 250 g schwarze Johannisbeeren
- 250 g Sauerkirschen
- 250 g Pfirsiche
- 250 g Ananas
- 540 g Zucker
- 1,5 l Rum

1. Den Topf und den Deckel sterilisieren und auf einem sauberen Küchentuch abtropfen lassen.

2. Die Erdbeeren waschen und entstielen. Große Früchte eventuell halbieren. Die Himbeeren putzen und verlesen. Die Johannisbeeren waschen und mit einer Gabel von den Stielen streifen.

3. Die Sauerkirschen waschen, entstielen und entsteinen. Bei den Pfirsichen die Haut kreuzweise einschneiden. Die Früchte mit kochendem Wasser übergießen und kurz darin ziehen lassen. Dann kalt abschrecken und die Haut abziehen. Die Früchte halbieren, entsteinen und das Fruchtfleisch in Spalten oder Würfel schneiden.

4. Die Ananas schälen und alle Augen gründlich entfernen. Das Fruchtfleisch in Würfel schneiden, dabei den harten Strunk entfernen.

5. Die Früchte mit dem Zucker in einer Schüssel mischen. In den Rumtopf geben und mit dem Rum begießen. Den Rumtopf zugedeckt an einem kühlen, dunklen Ort etwa 4 Wochen ziehen lassen.

Arbeitszeit: ca. 1 Stunde
Zeit zum Ziehen:
ca. 4 Wochen

Variante

Wenn Ihnen die angegebene Menge zu groß ist, reduzieren Sie die Mengenangaben entsprechend und setzen den Rumtopf in einem Twist-off-Glas an. Twist-off-Gläser sollten Sie aber unbedingt dunkel und kühl lagern, denn die Früchte bleichen unter dem Einfluss von Tageslicht stark aus und werden dann unansehnlich.

Info

Mit dem Ansetzen eines Rumtopfs beginnt man normalerweise im Juni, wenn die ersten Erdbeeren reif sind. Dann folgen nach und nach die Früchte, die gerade Saison haben. Aufgrund des hohen Zucker- und Alkoholgehaltes kann man einen Rumtopf bis Weihnachten aufbewahren. Natürlich können Sie aber auch, wie in diesem Rezept, mehrere Früchte gleichzeitig in den Rumtopf geben.

Raffiniert

Aprikosen und Pinienkerne in Cognac

Für 1 Glas à 500 ml Inhalt

- 500 g Aprikosen
- ½ unbehandelte Zitrone
- 100 g Marzipanrohmasse
- 75 g Puderzucker
- ½ Zimtstange
- 1 Gewürznelke
- 1 Kardamomkapsel
- 50 g Pinienkerne
- 200 ml Cognac

Außerdem
Holzspießchen

1. Die Haut der Aprikosen kreuzweise einschneiden. Die Aprikosen mit kochendem Wasser übergießen und die Aprikosen kurz darin ziehen lassen. Dann kalt abschrecken und die Haut abziehen.

2. Die Früchte auf-, jedoch nicht durchschneiden und die Steine entfernen. Die Zitrone heiß waschen und trockenreiben. Die Schale mit einem Zestenreißer abhobeln. Die Zitrone auspressen.

3. Das Glas und den Deckel sterilisieren und auf einem sauberen Küchentuch abtropfen lassen.

4. Die Marzipanrohmasse mit dem Puderzucker, der Zitronenschale und etwas -saft verkneten und aus der Masse Kugeln in Größe der Aprikosensteine formen. Die Aprikosen damit füllen. Die Holzspießchen halbieren und die Aprikosen damit zustecken.

5. Die Aprikosen mit Zimtstange, Gewürznelke, Kardamomkapsel und Pinienkernen in das Glas schichten und den Cognac darüber gießen. Die Früchte sollen von dem Cognac völlig bedeckt sein.

6. Das Glas verschließen und an einen kühlen, dunklen Ort stellen. Die Aprikosen vor dem Verzehr etwa 1 Woche durchziehen lassen.

Arbeitszeit: ca. 40 Minuten
Zeit zum Ziehen: ca. 1 Woche

Pikante Saucen, Chutneys und Relishes

Sie sind eine echte Bereicherung fürs Würzen, als Beilage zu gegrilltem oder gebratenem Fleisch oder Fisch sowie zu kaltem Braten. In diesem Kapitel finden Sie Klassiker wie Tomatenketchup, Senf, Oliven- oder Basilikumpaste ebenso wie raffinierte Neukreationen: Dattelchutney mit Grapefruit, Cranberryrelish mit Kumquats oder Tamarillo-Trauben-Chutney.

Gelingt leicht

Scharfer Senf

Für 1 Glas à 250 ml Inhalt

- 50 g schwarze Senfkörner
- einige weiße Pfefferkörner
- 125 ml Weißweinessig
- 1 Knoblauchzehe
- ½ TL Salz
- 1 Prise Cayennepfeffer
- 1 Prise gemahlene Nelken
- 1 EL Olivenöl

1. Die Senf- und Pfefferkörner in einem Mörser fein zermahlen. Mit dem Weißweinessig in einer Porzellanschüssel mischen und zugedeckt über Nacht quellen lassen.

2. Am nächsten Tag das Glas und den Deckel sterilisieren und auf einem sauberen Küchentuch abtropfen lassen.

3. Die Senfmischung in einen Topf geben und mit 2 Esslöffeln Wasser verrühren. Den Knoblauch abziehen, durch die Presse drücken und dazugeben. Salz, Cayennepfeffer und Nelken ebenfalls dazugeben und unterrühren.

4. Die Mischung langsam erhitzen und bei schwacher Hitze etwa 10 Minuten kochen lassen. Dabei ständig rühren, damit der Senf nicht anbrennt.

5. Die Senfpaste vom Herd nehmen und abkühlen lassen. Das Öl tropfenweise unterrühren, bis der Senf eine geschmeidige Konsistenz erhält.

6. Den Senf in das Glas füllen. Das Glas verschließen und den Senf vor dem Öffnen etwa 1 Woche durchziehen lassen, damit er sein Aroma voll entfalten kann.

Arbeitszeit: ca. 25 Minuten
Zeit zum Quellen: über Nacht
Zeit zum Ziehen: ca. 1 Woche

Variante
Sie können den Senf nach Belieben mit zerkleinerten Kräutern würzen.

Info

Es gibt dunkle und helle Senfkörner. Die dunklen, braunen oder schwarzen Senfkörner schmecken scharf, die hellen etwas milder. Senfkörner bekommen Sie im Naturkostladen oder im Reformhaus. Dort können Sie auch fertig gemahlenes Senfmehl kaufen.

Aus Bayern

Süßer Senf

Für 2 Gläser à 250 ml Inhalt

- 80 g helle Senfkörner
- 250 ml Apfelessig (5 % Säure)
- 1 Lorbeerblatt
- 1 kleine Zwiebel
- 1 Knoblauchzehe
- 50 ml Cidre
- 100 g brauner Zucker
- 1 EL Sonnenblumenöl

1. Die Senfkörner im Mörser grob zerstoßen und mit dem Apfelessig sowie dem Lorbeerblatt in einer Porzellanschüssel mischen. Die Mischung zugedeckt über Nacht quellen lassen.

2. Am nächsten Tag die Gläser und die Deckel sterilisieren und auf einem sauberen Küchentuch abtropfen lassen.

3. Die Zwiebel und den Knoblauch abziehen. Die Zwiebel fein reiben, den Knoblauch durch die Presse drücken.

4. Die Senfmehlmischung mit Cidre, Zucker, Zwiebel und Knoblauch in einem Topf mischen und langsam zum Kochen bringen.

5. Den Senf etwa 10 Minuten bei schwacher Hitze kochen lassen, bis er die gewünschte Konsistenz erreicht hat. Dabei immer rühren, damit der Senf nicht ansetzt.

6. Den Senf beiseite stellen und abkühlen lassen. Das Öl tropfenweise unterrühren, bis der Senf geschmeidig ist.

7. Den Senf in die Gläser füllen. Die Gläser verschließen und an einem kühlen, dunklen Ort etwa 1 Woche lagern, bis der Senf sein volles Aroma entwickelt hat.

Arbeitszeit: ca. 30 Minuten
Zeit zum Quellen: über Nacht
Zeit zum Ziehen: ca. 1 Woche

Varianten

- Statt braunem Zucker können Sie auch Honig verwenden. Allerdings sollte dieser wegen seiner wertvollen Inhaltsstoffe nicht mitgekocht werden, sondern erst nach dem Kochen unter den Senf gerührt werden.
- Wenn Sie keinen Cidre haben oder ihn nicht extra für dieses Rezept kaufen möchten, können Sie dieselbe Menge naturtrüben Apfelsaft nehmen.

Tipp

Süßen Senf reicht man in Bayern traditionell zu Weißwürsten und Brezeln.

Raffiniert

Dattelchutney mit Grapefruit

Für 2 Gläser à 250 ml Inhalt

- 250 g frische Datteln
- 1 unbehandelte Grapefruit
- 4 Schalotten
- 1 Knoblauchzehe
- 1 cm Ingwerwurzel
- 100 g brauner Zucker
- ¼ TL Salz
- ½ getrocknete rote Chilischote
- 250 ml Sherryessig

Das Dattelchutney mit Grapefruit (Bild rechts) passt perfekt zu hellem Fleisch.

1. Die Gläser und die Deckel sterilisieren und auf einem sauberen Küchentuch abtropfen lassen.

2. Die Datteln halbieren, entsteinen und fein hacken. Die Grapefruit heiß waschen und trockenreiben. Die Schale mit einem Zestenreißer abhobeln.

3. Die Grapefruit schälen, dabei auch die weiße Innenhaut völlig entfernen. Die Fruchtfilets mit einem scharfen Messer aus den Häuten lösen, den Saft dabei auffangen. Die Schalotten und den Knoblauch abziehen und sehr fein hacken oder durch die Knoblauchpresse drücken. Den Ingwer schälen und fein reiben.

4. Datteln, Grapefruitfilets, -saft und -schale, Schalotten, Knoblauch und Ingwer in einem Topf mischen. Den Zucker und das Salz hinzufügen. Die Chilischote zerreiben und ebenfalls hinzufügen. Den Sherryessig unterrühren.

5. Diese Mischung zum Kochen bringen. Die Temperatur reduzieren und das Chutney bei schwacher Hitze etwa 30 bis 40 Minuten kochen lassen, bis es eine cremige Konsistenz hat. Dabei immer wieder umrühren, damit nichts anbrennt.

6. Die Gläser auf ein feuchtes Tuch stellen und das heiße Chutney hineinfüllen. Die Gläser sofort verschließen und auf den Kopf stellen.

7. Die Gläser an einen kühlen, dunklen Ort stellen und das Chutney vor dem Verzehr etwa 1 Woche durchziehen lassen, damit es sein volles Aroma entwickeln kann.

Arbeitszeit: ca. 1 Stunde
Zeit zum Ziehen: ca. 1 Woche

Varianten

- Süßer im Geschmack wird das Chutney, wenn Sie die Grapefruit durch Ananas ersetzen. Dann sollten Sie allerdings noch etwas geriebene unbehandelte Zitronenschale mit unter das Chutney mischen.
- Ersetzen Sie die Hälfte der Datteln durch Rosinen und lassen Sie den Knoblauch weg.

Gelingt leicht

Mangochutney mit Kokos und Rosinen

Für 2 Gläser à 250 ml Inhalt

- 100 g Rosinen
- 50 ml Rum
- 2 Mangos
- 3 cm Ingwerwurzel
- 1 Knoblauchzehe
- 1 rote Chilischote
- 100 g Kokosflocken
- 200 g brauner Zucker
- 500 ml Himbeeressig
- ½ Zimtstange
- 1 Prise gemahlene Nelken
- Salz
- Pfeffer

1. Die Rosinen in eine Schüssel geben und mit dem Rum begießen. Zugedeckt quellen lassen.

2. Die Gläser und die Deckel sterilisieren und auf einem sauberen Küchentuch abtropfen lassen.

3. Die Mangos schälen und das Fruchtfleisch vom Stein schneiden. Das Fruchtfleisch in Würfel schneiden.

4. Den Ingwer schälen und fein reiben. Den Knoblauch abziehen und fein hacken oder durch die Knoblauchpresse drücken. Die Chilischote längs aufschneiden, waschen, putzen und die Kerne entfernen. Die Schote fein zerkleinern.

5. Die Rumrosinen mit Mangowürfeln, Ingwer, Knoblauch, Chilischote, Kokosflocken, Zucker, Himbeeressig, Zimtstange und Nelken in einem Topf mischen und zum Kochen bringen.

6. Das Chutney bei mittlerer Hitze etwa 30 Minuten einkochen lassen, bis es die gewünschte Konsistenz hat.

7. Das Chutney nach Belieben mit Salz und Pfeffer abschmecken. Die Gläser auf ein feuchtes Tuch stellen und das Chutney hineinfüllen. Die Gläser sofort verschließen und auf den Kopf stellen.

8. Die Gläser an einen kühlen, dunklen Ort stellen und das Chutney vor dem Verzehr etwa 1 Woche durchziehen lassen, damit es sein volles Aroma entwickeln kann.

Arbeitszeit: ca. 1 Stunde
Zeit zum Ziehen: ca. 1 Woche

Exotisch

Apfelchutney mit Ingwer und Minze

Für 2 Gläser à 250 ml Inhalt

- 2 EL Rosinen
- 3 EL Calvados
- 600 g Äpfel
- 2 Zwiebeln
- 3 cm Ingwerwurzel
- einige Zweige Minze
- 1 unbehandelte Zitrone
- 100 g brauner Zucker
- 50 ml Aceto balsamico
- 200 ml Apfelessig (5 % Säure)
- ½ TL gemahlener Zimt
- 1 Prise gemahlene Nelken
- Salz
- Pfeffer

1. Die Rosinen in ein Schälchen geben. Den Calvados darüber gießen und die Rosinen in dem Schälchen zugedeckt quellen lassen.

2. Die Gläser und die Deckel sterilisieren und auf einem sauberen Küchentuch abtropfen lassen.

3. Die Äpfel schälen, vierteln und die Kerngehäuse entfernen. Die Apfelviertel quer in feine Scheiben schneiden. Die Zwiebeln abziehen und fein hacken.

4. Den Ingwer schälen und fein reiben. Die Minze abbrausen, trockentupfen und die Blättchen fein hacken. Die Zitrone heiß waschen und trockenreiben. Die Schale fein abreiben. Die Zitrone halbieren und auspressen.

5. Eingeweichte Rosinen, Äpfel, Zwiebeln, Ingwer, Minze, Zitronenschale und -saft in einem Topf mischen. Zucker, Aceto balsamico, Apfelessig, Zimt und Nelken hinzufügen.

6. Die Mischung zum Kochen bringen und bei mittlerer Hitze etwa 30 Minuten kochen lassen, dabei immer wieder umrühren, damit das Chutney nicht anbrennt.

7. Das Chutney nach Belieben mit Salz und Pfeffer abschmecken. Die Gläser auf ein feuchtes Tuch stellen und das Chutney hineinfüllen. Die Gläser sofort verschließen und auf den Kopf stellen.

8. Die Gläser an einen kühlen, dunklen Ort stellen und das Chutney vor dem Verzehr etwa 1 Woche durchziehen lassen, damit es sein volles Aroma entwickeln kann.

Arbeitszeit: ca. 1 Stunde
Zeit zum Ziehen: ca. 1 Woche

Tipp

Sollte das Chutney eine zu feste Konsistenz haben, können Sie einige Löffel Calvados, Cidre oder Apfelessig hinzufügen.

Raffiniert

Tamarillo-Trauben-Chutney

Für 3 Gläser à 250 ml Inhalt

- 500 g Tamarillos
- 200 g Schalotten
- 300 g weiße kernlose Trauben
- 2 cm Ingwerwurzel
- 125 ml Apfelessig (5 % Säure)
- 3 Pimentkörner
- 100 g brauner Zucker
- Salz
- Pfeffer

Das Tamarillo-Trauben-Chutney (Bild rechts) gibt Gerichten eine exotische Note.

1. Die Gläser und die Deckel sterilisieren und auf einem sauberen Küchentuch abtropfen lassen.

2. Die Haut der Tamarillos an der Unterseite kreuzweise einschneiden. Die Tamarillos mit kochendem Wasser überbrühen und kurz darin ziehen lassen. Dann kalt abschrecken und die Haut abziehen. Die Früchte klein schneiden.

3. Die Schalotten abziehen und fein hacken. Die Trauben gründlich waschen, von den Stielen zupfen und halbieren.

Info

Tamarillos, auch Baumtomaten genannt, gehören zur Familie der Nachtschattengewächse. Sie kommen ursprünglich aus den Anden und haben einen herb-süßen Geschmack. Sie eignen sich zur Verwendung in Obstsalaten, passen zu Käse und in pikante Bratensaucen, können jedoch auch solo gegessen werden. Dafür werden die Früchte halbiert und das Fruchtfleisch wird mit einem Löffel herausgelöst.
Erwähnenswert ist ihr Gehalt an den Vitaminen A und C und dem Mineralstoff Kalzium.

Den Ingwer schälen und fein reiben.

4. Tamarillos, Schalotten, Trauben und Ingwer in einen Topf geben. Den Apfelessig angießen. Die Pimentkörner und den Zucker unterrühren. Die Mischung zum Kochen bringen und unter Rühren bei mittlerer Hitze etwa 20 Minuten kochen lassen. Das Chutney mit Salz und Pfeffer würzen. Die Pimentkörner wieder entfernen.

5. Die Gläser auf ein feuchtes Tuch stellen und das Chutney hineinfüllen. Die Gläser sofort verschließen und auf den Kopf stellen. Die Gläser an einem kühlen, dunklen Ort lagern. Das Chutney vor dem Verzehr etwa 1 Woche durchziehen lassen.

Arbeitszeit: ca. 50 Minuten
Zeit zum Ziehen: ca. 1 Woche

Serviertipp
Dieses Chutney passt hervorragend zu kaltem Braten oder zu gegrilltem Fisch.

Klassiker

Tomatenketchup

Für 1 Flasche à 500 ml Inhalt

- 600 g Tomaten
- 1 Knoblauchzehe
- 2 Schalotten
- ½ Bund Basilikum
- 2 EL Olivenöl
- 125 ml Weißweinessig
- 2 EL Zucker
- ½ TL Meersalz
- 4–5 weiße Pfefferkörner
- ½ Zimtstange
- 1 Gewürznelke

1. Die Flasche und den Deckel sterilisieren und auf einem sauberen Küchentuch abtropfen lassen.

2. Die Tomaten kreuzweise einschneiden, mit kochendem Wasser überbrühen und kurz darin ziehen lassen. Die Tomaten abziehen und die Stielansätze entfernen. Das Fruchtfleisch in kleine Stücke schneiden.

3. Den Knoblauch und die Schalotten abziehen und fein hacken. Das Basilikum waschen und trockentupfen. Die Blättchen von den Stielen zupfen und fein zerkleinern.

4. Das Öl in einem Topf erhitzen. Den Knoblauch und die Schalotten darin bei schwacher Hitze weich werden lassen. Die Tomaten samt dem ausgetretenen Saft und das Basilikum dazugeben und unterrühren.

5. Essig, Zucker, Salz, Pfefferkörner, Zimtstange und Gewürznelke hinzufügen und alles bei schwacher bis mittlerer Hitze etwa 30 Minuten kochen lassen, bis die Masse gebunden ist, dabei immer wieder umrühren.

6. Das Tomatenketchup durch ein Haarsieb in einen zweiten Topf passieren. Das Ketchup nochmals aufkochen lassen. Die Flasche auf ein feuchtes Tuch stellen und das Ketchup hineinfüllen. Die Flasche sofort verschließen. Das Ketchup kühl und dunkel lagern. Die angebrochene Flasche in den Kühlschrank stellen.

Zubereitungszeit:
ca. 1 Stunde

Mit Basilikum, Zimt und Nelke veredelt ist das selbst gemachte Tomatenketchup (Bild Seite 76/77, rechts).

Gelingt leicht

Basilikumpaste

Für 1 Glas à 200 ml Inhalt

- 50 g Basilikum
- 2 Knoblauchzehen
- ½ TL Salz
- 150 ml Olivenöl

1. Das Glas und den Deckel sterilisieren und gut abtropfen lassen.

2. Das Basilikum waschen und trockentupfen. Die Blättchen abzupfen, fein hacken und in einen Mörser geben. Den Knoblauch abziehen, durch die Presse drücken und dazugeben.

3. Das Salz hinzufügen und alles mit einem Stößel sehr fein zerkleinern.

4. Das Öl nach und nach dazugeben und die Mischung zu einer cremigen Paste verrühren.

5. Die Basilikumpaste in das Glas füllen und im Kühlschrank aufbewahren. Innerhalb von etwa 4 Wochen verbrauchen.

Zubereitungszeit:
ca. 20 Minuten

Gelingt leicht

Suppenwürze

Für 2 Gläser à 250 ml Inhalt

- 2 Möhren
- 1 Stange Lauch
- ¼ Knollensellerie
- 2 Bund Petersilie
- 2 EL Meersalz

1. Die Gläser und die Deckel sterilisieren und abtropfen lassen.

2. Die Möhren schälen und fein raspeln. Den Lauch längs aufschneiden, unter fließendem Wasser abbrausen, putzen und trockentupfen. Die weißen und die hellgrünen Teile fein hacken.

3. Den Sellerie schälen und fein raspeln. Die Petersilie waschen und trockentupfen. Die Blättchen fein zerkleinern.

4. Das Gemüse mit der Petersilie in einer Schüssel mit dem Salz mischen und in die Gläser füllen. Die Gläser verschließen und das Gemüse im Kühlschrank aufbewahren.

Zubereitungszeit:
ca. 30 Minuten

Tipp

Mit diesem Gemüse können Sie Suppen und Saucen würzen. Allerdings sollten Sie dann auf Salz als zusätzliche Würze verzichten.

Raffiniert

Cranberryrelish mit Kumquats

Für 2 Gläser à 250 ml Inhalt

- 200 g Cranberries
- 200 g Schalotten
- 200 g Kumquats
- 100 g brauner Zucker
- 100 ml Rotweinessig
- Meersalz

Das Cranberryrelish mit Kumquats (Bild rechts) ist ein hervorragender Begleiter für Gerichte mit Huhn.

1. Die Gläser und die Deckel sterilisieren und auf einem sauberen Küchentuch abtropfen lassen.

2. Die Cranberries waschen und verlesen. Die Schalotten abziehen und fein hacken. Die Kumquats waschen und fein zerkleinern.

3. Cranberries, Schalotten, Kumquats, Zucker und Essig in einen Topf geben und zum Kochen bringen. Die Mischung bei mittlerer Hitze etwa 30 Minuten kochen lassen, bis sie die gewünschte Konsistenz hat. Dabei immer wieder umrühren, damit nichts ansetzt. Das Relish mit Meersalz abschmecken.

4. Die Gläser auf ein feuchtes Tuch stellen und das Relish hineinfüllen. Die Gläser sofort verschließen und auf den Kopf stellen. Das Relish an einem kühlen, dunklen Ort lagern.

Zubereitungszeit:
ca. 50 Minuten

Gelingt leicht

Zwetschgenrelish

Für 2 Gläser à 250 ml Inhalt

- 600 g Zwetschgen
- 4 Schalotten
- 125 ml Aceto balsamico
- 100 g brauner Zucker
- 1 Prise Kardamom
- 1 Prise gemahlene Nelken
- 1 Prise Cayennepfeffer
- Salz

1. Die Gläser und die Deckel sterilisieren und auf einem sauberen Küchentuch abtropfen lassen.

2. Die Zwetschgen waschen, halbieren und entsteinen. Das Fruchtfleisch fein zerkleinern. Die Schalotten abziehen und fein hacken.

3. Zwetschgen und Schalotten mit Aceto balsamico, Zucker, Kardamom, Nelken und Cayennepfeffer in einem Topf zum Kochen bringen und bei mittlerer Hitze etwa 30 Minuten kochen lassen. Dabei immer wieder umrühren, damit nichts ansetzt.

4. Die Gläser auf ein feuchtes Tuch stellen. Das Relish mit Salz würzen und hineinfüllen. Die Gläser sofort verschließen und auf den Kopf stellen. Das Relish an einem kühlen und dunklen Ort lagern.

Zubereitungszeit:
ca. 45 Minuten

Raffiniert

Pilzcreme mit Knoblauch

Für 1 Glas à 450 ml Inhalt

- 600 g Steinpilze
- 2 Schalotten
- 2 Knoblauchzehen
- ½ Bund glatte Petersilie
- 2 Zweige Thymian
- 1 Scheibe durchwachsener Räucherspeck
- 5 EL Olivenöl
- 1 Tütchen getrocknete Steinpilze (Pulver)
- 1 Prise gemahlener Rosmarin

Ausgezeichnet auf frischem Baguette, Toast oder Ciabatta: die aromatische Pilzcreme mit Knoblauch (Bild Seite 76/77, links).

1. Das Glas und den Deckel sterilisieren und auf einem sauberen Küchentuch abtropfen lassen.

2. Die Pilze putzen und fein hacken. Die Schalotten und die Knoblauchzehen abziehen und ebenfalls fein hacken.

3. Die Petersilie und den Thymian waschen und trockentupfen. Die Blättchen abzupfen und fein hacken. Den Speck von der Schwarte und eventuell vorhandenen Knorpeln befreien und in sehr kleine Würfel schneiden.

4. Die Hälfte des Olivenöls in einem Topf erhitzen. Schalotten und Knoblauch darin glasig dünsten. Die Speckwürfel dazugeben und mitbraten. Die frischen Pilze, das Steinpilzpulver und den Rosmarin hinzufügen. Alles so lange braten, bis die Flüssigkeit, die sich dabei bildet, völlig verdampft ist. Die Petersilie und den Thymian unterrühren und kurz mitdünsten.

5. Die Masse etwas abkühlen lassen, dann im Mixer fein pürieren. Das restliche Öl in dünnem Strahl zufügen. Es sollte eine streichfähige homogene Masse entstehen. Die Pilzcreme in das Glas füllen. Das Glas sofort verschließen und im Kühlschrank aufbewahren.

Zubereitungszeit:
ca. 1 Stunde

Varianten

Probieren Sie die Pilzcreme auch einmal mit anderen Pilzsorten: Nicht ganz so aromatisch, dafür aber wesentlich preiswerter wird die Pilzcreme mit Champignons. Wenn Sie allerdings getrocknetes Steinpilzpulver oder einige getrocknete Pilze darunter mischen, wird kaum jemand den Unterschied bemerken. Shiitakepilze wiederum haben einen feinen, würzigen Geschmack und eignen sich ebenfalls sehr gut.

Tipp

Die Pilzcreme hält sich etwas länger, wenn Sie die Oberfläche mit einer Schicht Olivenöl bedecken.

Würzig

Olivenpaste

Für 1 Glas à 250 ml Inhalt

- 1 Sardellenfilet
- ½ Bund glatte Petersilie
- 2 Zweige Thymian
- einige Rosmarinnadeln
- 2 Knoblauchzehen
- 1 Schalotte
- 5 EL Olivenöl
- 300 g schwarze Oliven, entsteint
- 1 EL Kapern
- Olivenöl zum Begießen

1. Das Sardellenfilet abspülen, trockentupfen und hacken. Petersilie und Thymian waschen und trockentupfen. Die Thymianblättchen abzupfen und mit den Rosmarinnadeln fein hacken.

2. Knoblauchzehen und Schalotte abziehen und fein hacken. 1 Esslöffel Olivenöl erhitzen. Knoblauch und Schalotte darin glasig werden lassen. Die Petersilie hinzufügen und kurz mitdünsten lassen.

3. Diese Mischung mit den Oliven, dem Sardellenfilet, dem Thymian, dem Rosmarin und den Kapern pürieren. Restliches Öl unterrühren.

4. Die Olivenpaste in ein sterilisiertes, ganz trockenes Glas füllen und mit einer Schicht Olivenöl konservieren. Das Glas verschließen und kühl aufbewahren.

Zubereitungszeit:
ca. 1 Stunde

Gelingt leicht

Currypaste

Für 1 Glas à 150 ml Inhalt

- 3 Schalotten
- 5 Knoblauchzehen
- 1 Stängel Zitronengras
- 2 cm Ingwerwurzel
- 5 getrocknete rote Chilischoten
- 2 TL Korianderkörner
- 1 TL Kreuzkümmel (Kumin)
- 1 Gewürznelke
- 2 TL gemahlener Kurkuma
- ½ Zimtstange
- 1 TL Meersalz
- 2 EL Sesamöl
- Olivenöl zum Begießen

Exotische Würze: Currypaste (Bild Seite 76/77, vorne).

1. Das Glas und den Deckel sterilisieren und auf einem sauberen Küchentuch abtropfen lassen.

2. Die Schalotten und die Knoblauchzehen abziehen und fein hacken. Das Zitronengras waschen und den unteren Teil fein zerkleinern. Den Ingwer schälen und fein reiben.

3. Die vorbereiteten Zutaten mit Chilischoten, Korianderkörnern, Kreuzkümmel, Gewürznelke, gemahlenen Kurkuma, Zimtstange und Meersalz im Mixer pürieren. Das Sesamöl tropfenweise dazugeben, bis eine feine Paste entstanden ist.

4. Die Paste in das Glas füllen und mit einer Schicht Olivenöl konservieren. Das Glas verschließen und im Kühlschrank aufbewahren. Die Paste hält sich einige Wochen frisch.

Zubereitungszeit:
ca. 30 Minuten

Erfrischend

Zucchini-Paprika-Relish

Für 2 Gläser à 450 ml Inhalt

- 1 kg kleine gelbe Zucchini
- 400 g rote Paprikaschoten
- 250 g Schalotten
- 4 Knoblauchzehen
- 1 cm Ingwerwurzel
- 50 g Rosinen
- 500 ml Weißweinessig
- 100 g brauner Zucker
- 1 TL Meersalz
- je 1 Prise Cayennepfeffer, Piment und Koriander

Mit viel Knoblauch: Zucchini-Paprika-Relish (Bild rechts).

1. Die Zucchini waschen, putzen und würfeln. Die Paprikaschoten halbieren, waschen, putzen und würfeln. Die Schalotten und die Knoblauchzehen abziehen und hacken. Den Ingwer schälen und reiben. Die Rosinen in einem Sieb waschen und abtropfen lassen.

2. Zucchini, Paprika, Schalotten, Knoblauch, Ingwer und Rosinen in einen Topf geben. Den Essig angießen. Zucker, Salz, Cayennepfeffer, Piment und Koriander unterrühren.

3. Die Mischung bei mittlerer Hitze 45 Minuten kochen, dabei ab und zu umrühren.

4. Gläser und Deckel sterilisieren und abtropfen lassen. Das Chutney hineinfüllen. Die Gläser sofort verschließen und auf den Kopf stellen.

5. Die Gläser an einem kühlen, dunklen Ort lagern. Das Chutney vor dem Verzehr 4 Tage ziehen lassen.

Arbeitszeit:
ca. 1 Stunde 10 Minuten
Zeit zum Ziehen: 4 Tage

Raffiniert

Brombeer-Birnen-Chutney

Für 2 Gläser à 450 ml Inhalt

- 500 g Brombeeren
- 400 g Birnen
- 250 g Schalotten
- 2 cm Ingwerwurzel
- 125 ml Rotweinessig
- 100 g brauner Zucker
- ½ TL Zimt
- 1 Prise Muskatblüte (Macis)
- Meersalz
- Pfeffer

Für Feinschmecker: Brombeer-Birnen-Chutney (Bild Seite 76/77, hinten)

1. Die Brombeeren waschen und abtropfen lassen. Die Beeren verlesen. Die Birnen schälen, vierteln, die Kerngehäuse entfernen. Schalotten abziehen und hacken. Den Ingwer schälen und reiben.

2. Die vorbereiteten Zutaten in einen Topf geben. Essig, Zucker, Zimt und Muskatblüte hinzufügen und alles zum Kochen bringen. Das Chutney bei mittlerer Hitze etwa 45 Minuten kochen lassen, dabei immer wieder umrühren.

3. Inzwischen die Gläser sterilisieren und auf einem sauberen Küchentuch abtropfen lassen.

4. Die Gläser auf ein feuchtes Küchentuch stellen. Das Chutney mit Salz und Pfeffer abschmecken und hineinfüllen. Die Gläser sofort verschließen und auf den Kopf stellen. Das Chutney an einem kühlen, dunklen Ort aufbewahren.

Zubereitungszeit:
ca. 1 Stunde

Impressum

Die Deutsche Bibliothek – CIP-Einheitsaufnahme

Ein Titeldatensatz für diese Publikation ist bei Der Deutschen Bibliothek erhältlich.

Augustus Verlag München 2000

Redaktion: Antje Leipsic
Projektleitung: Michaela Zelfel
Gestaltung: Ludwig Kaiser, München
Umschlagfoto und Foodfotos: Reiner Schmitz, München
Freisteller: Fotostudio Schmitz, München, und Verlagsarchiv
DTP und Litho: Uhl & Massopust, Aalen
Druck und Bindung: Offizin Andersen Nexö, Leipzig

Printed in Germany

ISBN 3-8043-6039-4

Gedruckt auf elementar chlorfrei gebleichtem Papier.

Rezepteregister

Zutatenregister